# CONCURSO DE NORMAS Y DE DELITOS

Guía práctica sobre el concurso de normas y delitos en el ámbito penal

# CONCURSO DE NORMAS Y DE DELITOS

Guía práctica sobre el concurso de normas y delitos en el ámbito penal

**2.ª EDICIÓN 2024**

**Obra realizada por el Departamento de Documentación de Iberley**

**Coordinador**

Carlos David Delgado Sancho

**COLEX 2024**

Calle Costa Rica, número 5, 3.º B (local comercial)
A Coruña, 15004, A Coruña (Galicia)
info@colex.es
www.colex.es

I.S.B.N.: 978-84-1194-794-7
Depósito legal: C 1840-2024

# SUMARIO

## ANEXO I. CASOS PRÁCTICOS



## ANEXO II. FORMULARIOS

# 0.
# INTRODUCCIÓN

## Concurso de normas y de delitos

Se entiende por **unidad de acción** el conjunto de acciones naturales que conformarían un único delito, siempre que dichas acciones se lleven a cabo en un espacio temporal reducido y que el autor tenga en todas ellas el mismo dolo.

Los requisitos necesarios para considerar que estamos ante un caso de unidad de acción son:

a) Desde el punto de vista subjetivo, que concurra un único acto de voluntad encaminado a la realización de toda la dinámica delictiva.

b) Como elementos o condicionamientos objetivos de esta actividad, que todos los actos estén vinculados espacial y temporalmente, pues la disgregación de la dinámica delictiva en uno y otro sentido pueden romper la identidad que reclama la voluntad única.

c) Y, desde la óptica normativa, que se dé la identificación en la tipología delictiva.

Cuando hablamos de unidad típica de acción nos referimos a varios actos que integran un único tipo penal, de modo que, tanto la realización de una sola de las acciones prohibidas, como la realización de varias de ellas, perfeccionarían la comisión del delito sin que la repetición de las mismas implique otro delito a añadir.

Por su parte, el **concurso de normas** se produce cuando una sola conducta podría ser calificada con arreglo a dos o más normas penales, pero solo una de ellas debe ser aplicada para no vulnerar el principio *non bis in idem* (prohibición de aplicar a una misma persona por los mismos hechos una doble sanción), es decir, un mismo hecho puede ser calificado en dos o más preceptos penales, pero para evitar el quebranto del principio *non bis in idem*, solo uno de ellos resulta de aplicación.

El **artículo 8 del Código Penal** regula el concurso de leyes, estableciendo los cuatro criterios a seguir cuando un hecho pueda ser calificado con arreglo a dos o más preceptos del mismo (no comprendidos en los artículos 73 a 77 del CP):

1.º- **Principio de especialidad**: el precepto especial se aplicará con preferencia al general.

2.º- **Principio de subsidiariedad**: el precepto subsidiario se aplicará solo en defecto del principal, ya se declare expresamente dicha subsidiariedad, ya sea esta tácitamente deducible.

3.º- **Principio de absorción**: el precepto penal más amplio o complejo absorberá a los que castiguen las infracciones consumidas en aquel.

4.º- **Principio de mayor rango punitivo**: en defecto de los criterios anteriores, el precepto penal más grave excluirá los que castiguen el hecho con pena menor.

Además de estos 4 principios también se tratan en esta guía los tres tipos de concurso regulados en el Código Penal:

- El **concurso real**: cuando una pluralidad de acciones ofende a diferentes bienes jurídicos, y cada una de ellas constituye una infracción que es independiente de las demás, es decir, se han realizado varios comportamientos que dan lugar a distintos delitos.
- El **concurso ideal**: cuando un hecho realizado por el mismo sujeto constituye dos o más delitos.
- El **concurso medial**: cuando un delito es un medio necesario para cometer otro por un mismo sujeto.

En último lugar, se analiza la individualización de la pena y la aplicación práctica de circunstancias agravantes y atenuantes.

# 1.
# CONCEPTO DE UNIDAD DE ACCIÓN

## 1.1. Unidad de acción: concepto natural y socio-normativa

Se entiende por unidad de acción el conjunto de acciones naturales que conformarían un único delito, siempre que dichas acciones se lleven a cabo en un espacio temporal reducido y que el autor tenga en todas ellas el mismo dolo.

Según palabras de nuestro Alto Tribunal, si la interrupción de la acción viene acompañada de un cese en la voluntad de ejecutar la conducta típica, de forma que los nuevos actos delictivos, similares al anterior, tienen su origen en una voluntad surgida de nuevo y se producen en un marco espacio temporal posterior y diferente, no se podrá apreciar la unidad natural de acción, y cada uno de esos actos integrará un delito independiente (**STS, n.º 612/2021, de 7 de julio, ECLI:ES:TS:2021:2718**).

En la **sentencia del Tribunal Supremo n.º 909/2022, de 22 de noviembre, ECLI:ES:TS:2022:4281**, se recogen los requisitos necesarios para considerar que estamos ante un caso de unidad de acción:

a) Desde el punto de vista subjetivo, que concurra **un único acto de voluntad** encaminado a la realización de toda la dinámica delictiva.

b) Como elementos o condicionamientos objetivos de esta actividad, que **todos los actos estén vinculados espacial y temporalmente**, pues la disgregación de la dinámica delictiva en uno y otro sentido pueden romper la identidad que reclama la voluntad única.

c) Y, desde la óptica normativa, que se dé la **identificación en la tipología delictiva**.

Además, en reiteradas sentencias —véase la **STS n.º 925/2021, de 25 de noviembre, ECLI:ES:TS:2021:4310**— nuestro Alto Tribunal alude a la **concepción natural de la unidad de acción** como *«(...) una pluralidad de actos, de acciones, que son valorados como una unidad, constituyendo un objeto único de valoración jurídica (...)».*

**CUESTIÓN**

**¿Cuándo consideramos que existe unidad de acción y no una pluralidad de acciones?**

De acuerdo con la **sentencia del Tribunal Supremo n.º 601/2024, de 13 de junio, ECLI:ES:TS:2024:3577**, existirá unidad de acción cuando la pluralidad de actuaciones sea percibida por un tercero no interviniente como una unidad por su realización conforme a una única resolución delictiva y se encuentren vinculadas en el tiempo y en el espacio.

Cabe distinguir, véase como ejemplo la **STS n.º 231/2024, de 8 de marzo, ECLI:ES:TS:2024:1449**, entre lo que se conoce como:

- **Unidad de acción en sentido natural**: cuando el autor del hecho realiza un solo acto entendido en un sentido puramente ontológico o naturalístico (propinar un solo puñetazo).
- **Unidad natural de acción**: cuando, aunque ontológicamente concurren varios actos, desde una perspectiva socio-normativa se consideran como una sola acción (propinar una paliza, integrada por varios puñetazos, que constituye un solo delito de lesiones). La jurisprudencia del Tribunal Supremo aplica la unidad natural de acción cuando los actos que ejecuta un sujeto presentan una unidad espacial y una estrechez o inmediatez temporal que, desde una dimensión socio-normativa, permiten apreciar un único supuesto fáctico subsumible en un solo tipo penal (especialmente en ciertos casos de delitos de falsedad documental y también contra la libertad sexual). El concepto normativo de acción atiende sustancialmente al precepto infringido y al bien jurídico protegido, de modo que la acción se consuma cuando se produce el resultado previsto por la norma, cualesquiera que sean los hechos naturales (únicos o plurales) que requiera tal infracción, para que se produzca en el mundo real. En suma, la ley penal no atiende estrictamente a la naturalidad de las acciones, sino a sus componentes jurídicos.
- **Unidad típica de acción**: cuando la norma penal engarza o ensambla varios actos o varias unidades naturales de acción en un único tipo penal (tráfico de drogas, delitos contra el medio ambiente y de intrusismo, entre otros). Pues la unidad típica de acción se da cuando varios actos son unificados como objeto único de valoración jurídica por el tipo penal. De forma que, varios actos que contemplados aisladamente colman las exigencias de un tipo de injusto se valoran por el derecho desde un punto de vista unitario.
- **Delito continuado**: aparece integrado por varias unidades típicas de acción que, al darse ciertos supuestos objetivos y subjetivos previstos en el art. 74 del Código Penal, se integran en una unidad jurídica de acción. Aparece constituido por tanto el delito continuado por varias realizaciones típicas individuales que acaban siendo abrazadas en una unidad jurídica a la que, por su intensificación del injusto, se aplica una pena agravada con respecto al delito único propio de la unidad típica de acción. Para ello tiene en cuenta el legislador que las

acciones obedezcan a un plan preconcebido o al aprovechamiento de idéntica ocasión, así como a la homogeneidad de la infracción de la misma norma penal o a preceptos de igual o semejante naturaleza. De no darse tales condiciones, las acciones habrían de subsumirse en un concurso real de delitos.

## La unidad natural de acción

La doctrina considera que la denominada teoría de la *«unidad natural de acción»* supone varias acciones y omisiones que están en una estrecha conexión espacial y temporal, que puede reconocerse objetivamente y con una vinculación de significado que permita una unidad de valoración jurídica y que pueden ser juzgadas como una sola acción (**sentencia del Tribunal Supremo n.º 192/2024, de 29 de febrero, ECLI:ES:TS:2024:1157**).

La ley penal no atiende estrictamente a la naturalidad de las acciones, sino que también tiene en cuenta sus componentes jurídicos. Un solo disparo, por ejemplo, que por la fuerza del proyectil atraviesa dos cuerpos humanos, originando su muerte, constituye dos delitos de homicidio, cuando la acción natural era solo una. Lo propio sucede al revés: una multitud de actos naturales (una gran cantidad de golpes sobre una misma persona) se comprende en un solo delito de lesiones. **(Sentencia del Tribunal Supremo n.º 111/2024, de 6 de febrero, ECLI:ES:TS:2024:686).**

Cabe citar la **sentencia del Tribunal Supremo n.º 265/2024, de 18 de marzo, ECLI:ES:TS:2024:2000**, que a modo ejemplo para clarificar el concepto de unidad de acción recoge que: *«(...) el concepto de unidad natural de acción concurre cuando los mismos movimientos corporales típicos se reiteran en un mismo espacio y de manera temporalmente próxima (varios puñetazos seguidos configuran un único delito de lesiones y varias penetraciones seguidas un único delito de violación), de manera que para un observador imparcial el hecho puede ser considerado como una misma acción natural, careciendo de sentido alguno descomponerlo en varios actos delictivos (sentencias de 15 de febrero de 1997, 7 de mayo, 19 de junio y 14 de julio de 1999, y 4 de abril, 2 y 18 de julio de 2000). Este criterio se ha aplicado ocasionalmente al delito de falsedad (STS 705/1999, de 7 de mayo), respecto del cual, como han señalado las SSTS 1937/2001 y la 670/2001, de 19 de abril, cabría estimar que constituye unidad natural de acción inscribir dos firmas falsas en un mismo documento o incluso suscribir falsamente más de un documento en el curso de una única operación realizada simultáneamente o de modo inmediato. Como decía la STS 1855/2000, de 4 de diciembre, "no se trata de que un solo hecho constituya dos o más delitos, sino de que nos encontremos ante una unidad de acción delictiva de tracto casi sucesivo que se concreta en una sola lesión al bien jurídico protegido, en función de la finalidad perseguida por el autor"».*

Los **requisitos de la unidad de acción** serían según la **STS n.º 621/2022, de 22 de junio, ECLI:ES:TS:2022:2624**:

> «a) desde el punto de vista subjetivo, que concurra un único acto de voluntad encaminado a la realización de toda la dinámica delictiva.

b) como elementos o condicionamientos objetivos de esta actividad, que todos los actos estén vinculados espacial y temporalmente, pues la disgregación de la dinámica delictiva en uno y otro sentido pueden romper la identidad que reclama la voluntad única.

c) y, desde la óptica normativa, que se dé la identificación en la tipología delictiva».

En cuanto a **su aplicación en los delitos contra la libertad sexual**, la **sentencia del Tribunal Supremo n.º 5/2019, de 15 de enero, ECLI:ES:TS:2019:80** recoge la **doctrina** actual de la sala:

«(...) la STS 739/2011 de 14.7, analiza la cuestión, recordando que esta sala en STS. 1295/2006, ha apreciado la unidad natural de acción cuando la actividad delictiva se reitera en el mismo lugar y en un escaso periodo, siempre bajo el mismo designio y afectando al mismo sujeto pasivo, esto es "cuando los movimientos corporales típicos se repiten dentro de un mismo espacio y de manera temporalmente estrecha", o sea, cuando se dan dos o más penetraciones en la misma situación y contexto (STS 553/2000).

En efecto, el acceso carnal por las distintas vías del art. 179 CP, practicado en un mismo acto, con la misma persona y con una única intención libidinosa, constituye un solo delito (STS. 42/2007 de 16.1). La razón la explican diversas sentencias (STS. 396/2004 de 26.4), porque ante una secuencia ininterrumpida, donde progresivamente se suceden los ataques a la libertad sexual de la víctima, de forma que no es posible distinguir diferentes ámbitos espacio-temporales, encadenándose sucesivamente las actuaciones libidinosas, deben considerarse las sucesivas penetraciones como una sola acción, o bien porque "al ser un mismo sujeto pasivo, si los ataques se ejecutan en un marco único de una relación sexual de cierta duración, mantenida en el tiempo, que obedece a un dolo único o unidad de propósito, bajo la misma situación intimidatorio o de violencia, debe igualmente calificarse de un solo delito".

En este sentido, expresaba la STS núm. 1295/2006, de 13 de diciembre, que existirá unidad natural de acción cuando la actuación delictiva se reitere en el mismo lugar y en un escaso período de tiempo, siempre bajo el mismo designio y afectando al mismo sujeto pasivo. En tal caso, el acto delictivo no puede descomponerse en tantos hechos como reiteraciones de la misma conducta, afirmándose la existencia de una sola infracción criminal.

También apuntaba la STS núm. 935/2006, de 2 de octubre, que en caso de múltiples penetraciones y agresiones sexuales de menor grado, cuando el hecho se produce entre las mismas personas y en un mismo ámbito espacio-temporal, por ser todo ello realizado en el seno de una misma situación y como consecuencia de un mismo dolo, no hay una pluralidad de acciones, sino una sola, según esta misma teoría de la unidad natural de acción que analizamos. Cuando se dan tales presupuestos, **no cabe hablar de pluralidad de delitos, como tampoco de delito continuado, sino de un solo delito que absorbe o consume a través de la infracción penal más gravemente apreciada aquella otra que resulte más leve**. Este mismo criterio acogía ya la más antigua STS núm. 1560/2002, de 24 de agosto, en el sentido de considerar un delito unitario, y no continuado, las varias penetraciones por la misma o diferentes vías anatómicas cuando los hechos se producen entre los mismos sujetos activo y pasivo, ejecutándose la acciones típicas en el marco de un mismo espacio físico y temporal, sin que exista prácticamente solución de continuidad entre unas y otras, correspondiendo el conjunto de éstas a un dolo unitario, no renovado, que abarca una misma situación, y no las diversas ocasiones idénticas que caracterizan la continuidad delictiva.

La misma línea recoge la STS núm. 994/2011, de 4 de octubre, afirmando que "con expresiones tales como 'secuencias ininterrumpidas', 'ataques progresivos', 'encadenamiento sucesivo de agresiones' o 'iteración inmediata', por designar algunas, esta sala II sigue asumiendo la doctrina de la 'unidad natural de acción' o mejor como la ha designado algún sector doctrinal 'unidad típica' de acción. Sin embargo, al objeto de integrar o delimitar el concepto de unidad típica de acción en el delito de violación que nos atañe, sería provechoso acudir a otros temperamentos o criterios que permitan completar o contribuir a discernir hipótesis de posible 'concurso interno' entre las diversas modalidades comisivas del art. 179 CP. La doctrina de la unidad natural de acción o unidad típica en términos generales podría entenderse como 'la concurrencia (simultánea o sucesiva) de varias acciones u omisiones que se hallan en estrecha conexión espacial y temporal, que puedan reconocerse objetivamente, y que con una vinculación de significado, se las puede considerar como unidad de valoración jurídica y ser juzgadas como una sola acción'"».

Para poder delimitar el concepto se puede acudir a dos apartados:

1. El dolo del autor del hecho.
2. La estructura de la conducta delictiva. Desde este punto de vista, se ha venido considerando a los delitos de agresión sexual como delitos integrados por varios actos en los que resulta indiferente la utilización de una o más modalidades comisivas para la consecución del resultado, que estaría integrado por la instrumentalización sexual de la víctima, sometiéndola a la satisfacción sexual del sujeto o sujetos agresores, resultando irrelevante que a esa situación hayan coadyuvado uno o varios actos sexuales, siempre que estén abarcados por un mismo y persistente dolo y que el resultado producido no se descontextualice de algún modo.

De cara a **diferenciar si estamos ante un solo delito, un delito continuado o un concurso real de delitos** (en caso de delitos contra la libertad sexual), la **sentencia del Tribunal Supremo n.º 470/2020, de 23 de septiembre, ECLI:ES:TS:2020:3010** establece que:

«a) cuando no existe solución de continuidad entre uno y otro acceso, produciéndose una iteración inmediata, bien por insatisfacción íntima del deseo sexual del sujeto activo o porque el episodio criminal responde a una misma manifestación o eclosión erótica prolongada, aunque se produzcan varias penetraciones por la misma o diferente vía (vaginal, anal o bucal) nos hallaremos ante un sólo delito y la reiteración podrá tener repercusión en la individualización de la pena.

b) Cuando los actos de agresión o abuso sexual se lleven a cabo lógicamente entre idénticos protagonistas y la repetición de actos individuales se prolonga durante tiempo, pero tienen lugar bajo una misma situación violenta o intimidatoria, nos hallaremos ante un supuesto de continuidad delictiva.

c) Finalmente, cuando la iteración de los actos sexuales (normalmente agresivos), son diferenciables en el tiempo y consecuencia de distintas agresiones o amenazas para doblegar en cada caso concreto la voluntad del sujeto pasivo, nos hallaremos ante un concurso real de delitos».

## 1.2. Análisis de la unidad típica de acción

Cuando hablamos de unidad típica de acción nos referimos a varios actos que integran un único tipo penal, de modo que, tanto la realización de una sola de las acciones prohibidas, como la realización de varias de ellas, perfeccionarían la comisión del delito sin que la repetición de las mismas implique otro delito a añadir.

Señala la **sentencia del Tribunal Supremo n.º 211/2017, de 29 de marzo, ECLI:ES:TS:2017:1214**, que el concepto de *«unidad típica de acción»* ha ido evolucionando jurisprudencialmente ya que, si bien un sector doctrinal mantenía que hay una sola acción cuando se produzcan una serie de acontecimientos de significado unitario según el punto de vista social, siendo trascendente a estos efectos que estén engarzados por un único propósito y presenten una conexión espacio-temporal, para otro sector, debe acudirse a las características del tipo penal en juego, siguiendo así un criterio jurídico para apreciar la unidad. La descripción típica es el marco que define el hecho o la acción que, por tanto, queda configurada en atención a su relevancia para el derecho. En ocasiones, la ley prevé la existencia de varios actos para integrar el tipo penal.

La **sentencia del Tribunal Supremo n.º 487/2014, de 9 de junio, ECLI:ES:TS:2014:2563** recoge que:

> «(...) el legislador a veces utiliza conceptos globales, es decir, expresiones que abarcan tanto una sola acción prohibida como varias del mismo tenor, de modo que con una sola de ellas ya queda perfeccionado el delito y su repetición no implica otro delito a añadir. Así ocurre con el delito del art. 301 CP que se refiere al que "adquiera, convierta o transmita bienes" (apartado 1.º), o a "la ocultación o encubrimiento de la verdadera naturaleza, origen, ubicación, destino, movimiento o derechos sobre los bienes o propiedad de los mismos..." (apartado 2), o con el delito del art. 368 CP cuando nos habla de "actos de cultivo, elaboración o tráfico" en relación con las sustancias estupefacientes, o cuando el art. 325, al definir los delitos contra el medio ambiente, nos habla de emisiones, vertidos, ra-

diaciones, etc. (SSTS. 357/2004 de 19-3; 919/2004, de 12-7; y 1359/2004, de 15-11; y 118/2005, de 9-2); señalando esta sentencia que la utilización en plural del término "actos" nos obliga considerar que una pluralidad de ellos queda abarcada en el propio tipo penal. En definitiva, actividades plurales que nos obligan a que tengamos forzosamente que considerar integrados en esta figura criminal, como delito único, la pluralidad de conductas homogéneas que, de otro modo, habrían de constituir un delito continuado, insistiendo la STS. 595/2005, de 9-5, en que una pluralidad de actos realizados por el mismo sujeto que favorece el tráfico o el consumo ilegal por otras personas constituye un solo delito aunque esté integrado por varias acciones, en cuanto sirven para conformar la descripción típica de "los que ejecuten actos de cultivo, elaboración, tráfico.....", salvo que el tribunal sentenciador explique razonadamente la presencia de una suficiente separación temporal, un plan preconcebido o el aprovechamiento de una idéntica ocasión que justifiquen la apreciación de la continuidad delictiva.

Esto es lo que un sector doctrinal denomina **"tipos que incluyen conceptos globales"**, es decir, hechos plurales incluidos en una única figura delictiva, lo que obliga a considerar que una variedad de acciones punibles de contenido semejante constituyen, no un delito continuado, sino una sola infracción penal (SSTS 519/2002, de 22-3; 986/2004, de 13-9; y 413/2008, de 20-6)».

El Alto Tribunal distingue esta figura de la del delito continuado, por ejemplo, en la sentencia del **STS n.º 919/2004, de 12 de julio, ECLI:ES:TS:2004:5000**, en la que establece que:

«Los problemas generados por la pluralidad de acciones en relación con el concurso de infracciones deben resolverse desde la óptica de la determinación de la unidad de acción; al respecto es posible distinguir entre lo que se denomina la unidad natural de acción y la unidad típica (o jurídica) de acción. La utilización en el art. 368 del Código penal del término "actos" en plural no debe conducir a un equívoco en relación con la unidad de acción exigida por el tipo penal, pues, no se trata de un supuesto de unidad jurídica de acción, dado que tal entendimiento implica que el legislador aglutina diversos actos y los conforma como un objeto único de valoración, considerando esencial la realización de esa diversidad de acciones para que las conductas se subsuman en el tipo penal. Esta inteligencia llevaría al absurdo de considerar que la realización de un solo acto puede no ser típico. Por el contrario, el tipo penal del art. 368 debe ser considerado como un tipo que se cumple con la ejecución de un solo acto (por ejemplo, basta un solo acto de tráfico) para que la conducta sea subsumible en él. La utilización del plural, como dijimos, no es indicativo de una unidad jurídica prevista por el legislador sino que es un recurso (o una necesidad) lingüística derivada (o impuesta) por la diversidad de verbos típicos que el legislador establece en la redacción de la oración. Aclarada esta cuestión, es necesario realizar la operación interpretativa necesaria para determinar cuando nos encontramos ante una unidad de acción, pues, esta puede estar formada por diversos actos conforme a lo que se denomina la unidad natural de acción. En efecto, en aquellos casos en los que puede observarse entre los distintos actos, la existencia de una conexión espacio-temporal y una sustancial coincidencia en la actuación en el que el hecho se configura como una unidad, han de ser considerados bajo la idea de la unidad de acción. Esto significa **que el tipo penal del art. 368 puede llevarse a cabo mediante un solo acto que configura una acción o, mediante una diversidad de actos, siempre que en tales casos puede considerarse que concurre una sola acción en sentido natural.** Para que pueda aceptarse que tal diversidad debe ser considerada una unidad en el sentido de unidad de acción, es preciso, como decimos, que los diversos actos se ejecuten en un ámbito espacial corto y en un contexto temporal breve.

Ahora bien, la existencia de una pluralidad de acciones puede —en ciertos casos— conformar una unidad jurídica dando lugar al denominado delito continuado. La jurisprudencia de esta sala ha elaborado la doctrina del delito continuado que se plasmó en el Código penal (antiguo art. 69 bis y actual art. 74), conforme a un criterio objetivo-subjetivo al considerar que la unidad jurídica de valoración que representa el delito continuado exige que concurran ciertos requisitos (unos de carácter objetivo y otros de carácter subjetivo) que son los que darán ese sentido o nexo de unión por continuidad. En otras palabras, **una mera sucesión de delitos no da lugar por esa sola circunstancia cronológica, a un delito continuado.**

Esta sala, a la vista del art. 74 del Código penal, exige como requisitos para que pueda considerarse continuidad delictiva, los siguientes: a) la existencia de un plan preconcebido (elemento subjetivo) o el aprovechamiento de idéntica ocasión (elemento objetivo); b) la realización de una pluralidad de acciones u omisiones; c) que ofendan al mismo o a distintos sujetos pasivos; d) que infrinjan el mismo precepto penal o varios pero de igual o semejante naturaleza; y e) que dichas acciones se lleven a cabo en un cierto contexto espacio-temporal delimitable. Dicho de otro modo: pluralidad de acciones, homogeneidad en el bien jurídico, homogeneidad en la técnica comisiva, unidad de sujeto activo (aunque puedan cambiar algunos partícipes), y cierta relación de espacio y tiempo entre las diversas acciones. Así pues, prescindiendo ahora de los demás requisitos, el delito continuado exige una pluralidad de acciones realizadas en un cierto contexto espacio-temporal delimitado.

**Todo lo indicado conduce a las siguientes conclusiones: por una parte, que es posible que una persona realice diversos actos que puedan considerarse como una única acción (en sentido natural) que conformen un único delito; por otra parte, que es posible que una persona realice diversas acciones que den lugar a varias subsunciones en el mismo tipo penal; y, por último, que también es posible que una pluralidad de acciones que infringen el mismo precepto penal sean consideradas una unidad jurídica de acción por continuación, siempre que exista un nexo de continuación.**

El recurrente, equivocadamente, considera que el art. 368 del Código penal al referirse a "actos" en plural significa que dentro de esos actos cabe abarcar todos los actos que el sujeto activo realice por complejos que sean y todos ellos deben ser valorados como un comportamiento único, es decir, en realidad viene a considerar que el legislador ha establecido una unidad jurídica de acción. De este planteamiento el recurrente deduce que la conducta plural y compleja por él realizada debe ser considerada como un solo delito. Sin embargo, como dijimos, el tipo penal del art. 368 no establece una unidad jurídica de acción, ni es una excepción a la regla de una acción un delito, sin perjuicio de que, en ocasiones, puedan estimarse que varios actos son constitutivos de una acción en sentido natural. Por ello, en caso de pluralidad de acciones y concurriendo el resto de los requisitos indicados, es posible considerar la existencia de un delito continuado contra la salud pública».

## 1.3. El delito continuado

El artículo 74 del Código Penal prevé:

> «1. No obstante lo dispuesto en el artículo anterior, el que, en ejecución de un plan preconcebido o aprovechando idéntica ocasión, realice una pluralidad de acciones u omisiones que ofendan a uno o varios sujetos e infrinjan el mismo precepto penal o preceptos de igual o semejante naturaleza, será castigado como autor de un delito o falta continuados con la pena señalada para la infracción más grave, que se impondrá en su mitad superior, pudiendo llegar hasta la mitad inferior de la pena superior en grado.
>
> 2. Si se tratare de infracciones contra el patrimonio, se impondrá la pena teniendo en cuenta el perjuicio total causado. En estas infracciones el Juez o tribunal impondrá, motivadamente, la pena superior en uno o dos grados, en la extensión que estime conveniente, si el hecho revistiere notoria gravedad y hubiere perjudicado a una generalidad de personas.
>
> 3. Quedan exceptuadas de lo establecido en los apartados anteriores las ofensas a bienes eminentemente personales, salvo las constitutivas de infracciones contra el honor y la libertad e indemnidad sexuales que afecten al mismo sujeto pasivo. En estos casos, se atenderá a la naturaleza del hecho y del precepto infringido para aplicar o no la continuidad delictiva».

El **delito continuado nace de una pluralidad de acciones que individualmente contempladas son susceptibles de ser calificadas como delitos independientes pero que desde una perspectiva de la antijuricidad material se presentan como una infracción unitaria,** es decir, diversos actos se conforman como un objeto único de valoración penal. Aunque no venga exigido por el precepto penal que lo regula, siempre se requiere una cierta conexión temporal y geográfica, pues un distanciamiento temporal o geográfico entre los diferentes hechos delictivos contemplados en su singularidad rompe todo vínculo de unión entre las distintas acciones. Por lo tanto, estamos hablando de **una pluralidad de acciones que individualmente son susceptibles de ser calificadas como delitos independientes pero que, desde la perspectiva de la antijuridicidad, se presentan como una infracción unitaria.**

Los **requisitos del delito continuado**, establecidos jurisprudencialmente, por ejemplo, en la **STS n.º 261/2019, de 22 de marzo, ECLI:ES:TS:2021:1298,** o en la reciente **STS n.º 192/2024, de 29 de febrero, ECLI:ES:TS:2024:1157** son:

a) Un elemento fáctico consistente en la pluralidad de acciones u omisiones de hechos típicos diferenciados que no precisan ser singularizados ni identificados en su exacta dimensión. Esa pluralidad dentro de la unidad final es lo que distingue al delito continuado del concurso ideal de delitos, pues en este la acción es única, aunque los delitos sean plurales, mientras que en aquél las acciones son plurales, aunque el delito se valore como único. Es decir, se da una pluralidad de hechos delictivos ontológicamente diferenciables.

b) Identidad de sujeto activo, aunque la moderna doctrina jurisprudencial admite la participación adhesiva, por lo que cabría la variación de sujeto activo (**STS n.º 409/2018, de 18 de septiembre, ECLI:ES:TS:2018:3147**)

c) El requisito subjetivo de que el sujeto activo de las diversas acciones las realice en ejecución de un plan preconcebido o aprovechando idéntica ocasión. Es el elemento más importante y el que realmente provoca la unidad delictiva en que consiste la continuidad, aunque deba distinguirse entre lo que supone el plan preconcebido y el aprovechamiento de una igual ocasión: lo primero hace referencia al dolo conjunto o unitario que debe apreciarse en el sujeto al iniciarse las diversas acciones y que se trata de una especie de culpabilidad homogénea, una trama preparada con carácter previo programada para la realización de varios actos muy parecidos; lo segundo se da, no cuando la intencionalidad plural de delinquir surja previamente, sino cuando el dolo se produce ante una situación idéntica a la anterior que hace caer al delincuente en la comisión delictiva, repitiéndola.

d) Homogeneidad en el *modus operandi,* lo que significa la uniformidad entre las técnicas operativas desplegadas o las modalidades delictivas puestas a contribución del fin ilícito. Las distintas acciones deben llevarse a cabo utilizando métodos, medios o técnicas de carácter análogo.

e) El elemento normativo de que sean iguales o semejantes los preceptos penales conculcados, tengan como substrato la misma norma y que esta tutele el mismo bien jurídico, (homogeneidad normativa).

f) Una cierta conexidad espaciotemporal, no debiendo transcurrir un lapso de tiempo excesivo, pues una gran diferencia temporal debilitaría o haría desaparecer la idea del plan que como elemento ineludible de esta figura delictiva examinaremos a continuación.

## Diferencias entre el delito continuado y la unidad natural de acción

El Tribunal Supremo —**STS n.º 621/2022, de 22 de junio, ECLI:ES:TS:2022:2624**— ha tratado de señalar pautas que ayuden a diferenciar el delito continuado frente a la unidad natural de acción o hecho único. Como ya expusimos en párrafos anteriores: *«Hay unidad de acción y no una pluralidad de acciones, entendidas ambas en el sentido de relevancia penal, cuando la pluralidad de actuaciones sean percibidas por un tercero no* *interviniente como una unidad por su realización conforme a una única resolución delictiva y se encuentren vinculadas en el tiempo y en el espacio (...) careciendo de sentido alguno descomponerlo en varios actos delictivos (SSTS. 867/2002 de 29.7, 885/2003 de 23.5, 413/2006 de 7.4, 671/2006 de 21.6, 213/2008 de 5.5, 1394/2009 de 21.5)».*

Cuando se produce una repetición de acciones separadas por ocasiones temporales diferentes, más o menos distantes en su cronología, no hay unidad natural de la acción, sino diferentes actuaciones que pueden ser consideradas o bien como un concurso real de delitos o como un delito continuado. Tanto la teoría de la ficción, como la teoría realista o la de la realidad jurídica, parten de la admisión de una pluralidad de hechos, que se integran bajo la figura del delito continuado, (**STS n.º 867/2002, de 29 de julio, ECLI:ES:TS:2002:8984**), para cuya apreciación, como ya hemos señalado, es necesario que exista una separación temporal o espacio-temporal entre las distintas acciones consideradas, que permita afirmar la independencia ontológica de unas respecto de las otras, las cuales son también producto de distintos impulsos o actitudes psicológicas o motivacionales. Todas ellas, aisladamente consideradas reúnen los requisitos del tipo. Estaríamos, en principio, ante varios delitos, es decir, varias acciones constitutivas de delito, que por aplicación del artículo 74 del Código Penal, vendrían a integrar un solo delito de carácter continuado, pues aquellos distintos impulsos formarían parte de un plan preconcebido o supondrían el aprovechamiento de idéntica ocasión (**STS n.º 265/2024, de 18 de marzo, ECLI:ES:TS:2024:2000**).

## La punición del delito continuado

El artículo 74.1 del Código Penal recoge para el delito continuado una pena consistente en **la señalada para la infracción más grave, en su mitad superior, pudiendo llegar hasta la mitad inferior de la pena superior en grado.**

Por infracción más grave entendemos aquella que lleva aparejada una pena más grave según lo establecido en el **artículo 33 del Código Penal.** Cuando son penas de igual gravedad se puede optar por cualquiera de ellas.

Nos encontramos ante una agravación de la pena alternativa, que el tribunal deberá motivar necesariamente por exigencias del derecho a la tutela judicial efectiva en su vertiente de motivación de las sentencias, es decir, debe de estar debidamente argumentada y fundada en la gravedad de los hechos.

El Tribunal Supremo ha recogido que el precepto establece como **necesaria una agravación de la pena típica consistente en la mitad superior de la que esté señalada para el delito más grave, fijando además una exasperación facultativa que consiste en llevar el límite superior de la pena hasta la mitad de la pena superior en grado** (**STS n.º 1367/2011, de 20 de diciembre, ECLI:ES:TS:2011:8847**), indicándose que la opción que el tribunal realice por esta extensión superior deberá ser, por exigencias del derecho a la tutela judicial efectiva en su vertiente de motivación de las sentencias, debidamente argumentada y fundada en la gravedad de los hechos (**STS, n.º 1004/2016, de 23 de enero de 2017, ECLI:ES:TS:2017:272**).

La citada sentencia del Tribunal Supremo n.º 1004/2016, recoge que:

> «La gravedad de los hechos a estos efectos, no viene marcada por la naturaleza del bien jurídico atacado o por el modo en que se despliega la agresión, pues ambos elementos están ya contemplados en la pena prevista por el legislador para cada uno de los delitos que se integran en la continuidad delictiva», si no que «la aplicación del límite superior de la pena resulta procedente cuando las concretas acciones que se suman en el delito continuado o el resultado en el que desembocan, desborda el marco de reproche previsto por el legislador para los distintos comportamientos individuales; esto es, cuando, observando la intensidad con que resienten el orden penal el conjunto de acciones enjuiciadas y evaluando en qué medida sobrepasan el daño inherente a cada uno de los comportamientos que se integran, se concluye que el límite máximo de la pena prevista para el delito más grave, no guarda correspondencia con el comportamiento que se enjuicia, bien porque hay procederes individuales que serían merecedores por sí mismos de la máxima punición, bien porque la homogeneidad, el número o la gravedad de los comportamientos ilícitos que se acumulan o reiteran, muestran la insignificancia del reproche a la reiteración delictiva si todos los comportamientos se sancionaran globalmente con la pena prevista para el delito más grave, por más que la pena se exacerbara hasta su máxima extensión».

**CUESTIÓN**

**¿Cómo se calcula la pena de un delito continuado?**

Para calcularla se reduce la pena abstracta señalada en la parte especial del Código Penal, en función del grado de ejecución y participación, para posteriormente aplicar las circunstancias modificativas de la responsabilidad criminal, bien entendido que las citadas reglas del artículo 66 se aplican a un delito en concreto, no a todo el delito continuado. Por último, se impone en la mitad superior o en la mitad inferior de la superior en grado.

Es importante tener en cuenta que, tanto el Tribunal Constitucional como el Tribunal Supremo, han establecido que cuando una sentencia condenatoria contempla varios de los hechos agrupados en un delito continuado, y quedan fuera otros que podrían haberse integrado allí, pero que, por las razones que sean, dan lugar a un procedimiento posterior, **no habrá cosa juzgada en ese segundo procedimiento.**

En la **sentencia del Tribunal Supremo n.º 686/2017, de 19 de octubre, ECLI:ES:TS:2017:3625**, se establece que:

> «a) Ninguna indefensión puede derivarse en este procedimiento del hecho de que no se haya acumulado otro relacionado seguido por hechos que eventualmente y por pura vía de hipótesis pudieran integrarse en el delito continuado por el que aquí se condena.
>
> b) En el procedimiento ulterior, pendiente de enjuiciamiento, nada impedirá si se llegase a un pronunciamiento condenatorio, modular la pena valorando la penalidad impuesta en esta causa, de forma que nunca de ese doble enjuiciamiento pueda derivarse una agravación penológica si se estima que unos y otros hechos eran agrupables con la abrazadera del art. 74 CP».

**A TENER EN CUENTA.** En el caso de que las distintas acciones ilícitas que conforman el delito continuado se cometan bajo la vigencia de diferentes leyes, se estará a lo dispuesto en el art. 7 del CP, que determina la validez temporal de la ley penal, entendiendo que el delito continuado se consuma cuando se ejecuta la última acción que configura el complejo delictivo que se constituye en un ilícito penal por la conjunción de las distintas acciones que lo integran, aún en el caso de que la ley que rige después del comienzo de ejecución fuera más grave, ya que no existiría ninguna justificación para beneficiar al autor que, a pesar del incremento de la amenaza penal, no cesó en sus actos.

Cuando se trata de **infracciones contra el patrimonio**, se impondrá la pena teniendo en cuenta el perjuicio total causado. En estas infracciones el juez o tribunal impondrá, motivadamente, la pena superior en uno o dos grados, en la extensión que estime conveniente, si el hecho revistiere notoria gravedad y hubiere perjudicado a una generalidad de personas.

**CUESTIÓN**

**¿Qué se entiende por generalidad de personas?**

Citando la **STS n.º 715/2020, de 21 de diciembre, ECLI:ES:TS:2020:4318** podemos decir que:

*«Frente al delito continuado, que admite uno o varios sujetos pasivos, el delito masa exige necesariamente una considerable multiplicidad de perjudicados que el legislador identifica con el término de generalidad, expresión cuyo contenido semántico hace referencia (RAE) a una "mayoría, muchedumbre o casi totalidad de los individuos u objetos que componen una clase o un todo sin determinación a persona o cosa particular".*

*Esta noción es la que refleja la interpretación que del delito masa ha hecho la jurisprudencia de esta Sala, proclamando que no hay generalidad de personas cuando, por más que se trate de bastantes o incluso muchos afectados, no conformen un colectividad indeterminada y difusa (STS 719/2010, de 20 de julio; 492/2014, de 10 de junio).*

*El delito masa no necesariamente se caracteriza por una cantidad incontable de personas finalmente perjudicadas, pero sí precisa que el destinatario potencial de la actividad defraudadora sea una amplia e indiscriminada colectividad de individuos no singularizados por el dolo unitario del sujeto activo y sobre los que se irá replicando el engaño eficazmente generador de un menoscabo patrimonial en cada una de las víctimas».*

Esta regla específica del artículo 74 del Código Penal, apartado 2, para los delitos patrimoniales se refiere únicamente a la determinación de la pena básica sobre la que se va a aplicar la agravación, de forma que el apartado 1 del artículo 74 del CP es aplicable como regla general siempre que se aprecie un delito continuado, con la excepción de los casos en los que tal aplicación constituya una doble valoración del delito (por ej. en el delito continuado de estafa, si ninguna de las estafas supera los 50.000 euros de forma individual, pero la suma del total defraudado sí lo hace, se tiene en cuenta el perjuicio total causado tal y como establece el art. 74.2 del CP, lo que implica aplicar el art. 250.1.5.º del CP, pero no podría aplicarse la agravación del artículo 74.1 del CP, ya que eso supondría una doble valoración. Si por el contrario una de las estafas supera a título individual los 50.000 euros, sí se aplicaría la norma del artículo 74.1 del CP, ya que no se estaría valorando dos veces la misma circunstancia).

Dicho de otra forma, **la agravación del artículo 74.1 del CP solo dejará de apreciarse cuando la aplicación del artículo 74.2 del CP ya haya supuesto una agravación de la pena para el delito continuado de carácter patrimonial.**

# 2.
# CONCURSO DE LEYES O DE NORMAS

El concurso de normas se produce **cuando una sola conducta podría ser calificada con arreglo a dos o más normas penales, pero solo una de ellas debe ser aplicada para no vulnerar el principio *non bis in idem*** (prohibición de aplicar a una misma persona por los mismos hechos una doble sanción), es decir, un mismo hecho puede ser calificado en dos o más preceptos penales, pero para evitar el quebranto del principio *non bis in idem*, solo uno de ellos resulta de aplicación.

El artículo 8 del Código Penal regula el **concurso de leyes**, estableciendo los cuatro criterios a seguir cuando un hecho pueda ser calificado con arreglo a dos o más preceptos del mismo (no comprendidos en los artículos 73 a 77 del CP):

1.º- El precepto especial se aplicará con preferencia al general.

2.º- El precepto subsidiario se aplicará solo en defecto del principal, ya se declare expresamente dicha subsidiariedad, ya sea esta tácitamente deducible.

3.º- El precepto penal más amplio o complejo absorberá a los que castiguen las infracciones consumidas en aquel.

4.º- En defecto de los criterios anteriores, el precepto penal más grave excluirá los que castiguen el hecho con pena menor.

> **CUESTIÓN**
>
> **¿Qué es el principio *non bis in idem*?**
>
> El principio *non bis in idem* es el derecho a no ser enjuiciado penalmente más de una vez por unos mismos hechos. Este principio constituye una de las garantías del acusado reconocida en la CE, y que es proclamado también en el art. 14.7 del **Pacto Internacional de Derechos Civiles y Políticos de 19 de diciembre de 1966 (sentencia del Tribunal Supremo n.º 532/2023, de 29 de junio, ECLI:ES:TS:2023:2953)**.

El Tribunal Supremo ha dado unas pautas para saber **cuándo estamos ante un concurso de normas o concurso aparente de leyes**, que parten necesariamente de una **valoración jurídica previa**, en la que hay que analizar si **la sanción aplicable por uno de los delitos es suficiente para abarcar la**

**total significación antijurídica del comportamiento punible, en cuyo caso estaríamos ante un concurso de normas, mientras que si esto no fuera así nos encontraríamos ante un concurso de delitos.**

Así, la **sentencia del Tribunal Supremo n.º 346/2024, de 25 de abril, ECLI:ES:TS:2024:2253**, con cita de la **STS n.º 316/2021, de 15 de abril, ECLI:ES:TS:2021:1642** establece que: *«(...) cuando el hecho puede ser encuadrado en varias disposiciones, siendo aparentemente todas aplicables, pero en realidad una de ellas capta por completo, o de manera suficiente, el contenido del desvalor del hecho y desplaza a las demás, se apreciará un concurso de normas o de leyes. Y para conocer cuál es la norma prevalente o preferente que desplaza a las demás se utilizarán los criterios propios de la teoría de la interpretación y solución de las antinomias legales, con el fin de identificar la que se ajusta lo más exactamente posible al hecho cometido, agotándolo y excluyendo así a las demás disposiciones. A tales efectos se utilizan los principios de especialidad, subsidiariedad, consunción y alternatividad contenidos en el artículo 8 CP (...)».*

Por ejemplo, en un delito de robo con violencia existe siempre una privación de libertad de la víctima, consecuencia de la amenaza o fuerza ejercida sobre ella. Habría un concurso de normas, ya que un único hecho podría encuadrarse dentro de distintos delitos, y se resolvería aplicando el principio de absorción del artículo 8.3.ª del CP que explicaremos más adelante (**STS n.º 615/2016, de 8 de julio, ECLI:ES:TS:2016:3166**).

En el concurso de normas, **el bien jurídico lesionado siempre es el mismo**, por lo que, si continuamos con el ejemplo, en el caso de un robo con violencia en el que se deja a la víctima o rehén atado o encerrado durante un largo periodo de tiempo, más allá de lo necesario para consumar el robo, privándole de su libertad de movimientos, nos hallaríamos ante un concurso real de delitos: el robo y la detención ilegal.

**CUESTIÓN**

**¿Qué se entiende por «bien jurídico»?**

Según el *Diccionario del Español Jurídico* de la RAE el bien jurídico es: «Condición necesaria, o al menos útil, para el desarrollo de la vida del individuo y de la sociedad. Los bienes jurídicos pueden consistir en objetos, materiales o inmateriales, relaciones, intereses o derechos, que en cualquier caso han de ser socialmente valiosos y por ello dignos de protección jurídica, por otras ramas del derecho o incluso por el derecho penal. Cuando un bien jurídico se considera tan importante que es protegido penalmente frente a todas o ciertas formas de ataque se denomina bien jurídico-penal. Este constituye la base de la antijuridicidad material como lesión o puesta en peligro reprobable de un bien jurídico, y es recogido por un tipo de delito como objeto jurídico de protección, cuyo titular es el sujeto pasivo, una persona, el Estado, la sociedad o la comunidad internacional. El bien jurídico, además de su función de límite del ius puniendi en el principio de ofensividad, cumple principalmente una función de interpretación y límite de los tipos y una función sistemática de distinción y agrupación de los diversos tipos delictivos».

Otro ejemplo podemos verlo en la **STS n.º 177/2017, de 22 de marzo, ECLI:ES:TS:2017:972**, en la que la sala considera que, sancionando exclusivamente el delito de desobediencia, este ya absorbería en su desvalor al que sería predicable de otras conductas cuya injusticia radica en su condición de actos u omisiones desobedientes que el Ministerio Fiscal consideraba que debían de considerarse como un delito de prevaricación en concurso ideal con el de desobediencia.

En conclusión, tal y como se establece en la **sentencia del Tribunal Supremo n.° 209/2023, de 22 de marzo, ECLI:ES:TS:2023:1219**:

> «(...) la doctrina científica y la jurisprudencia son contestes en considerar que **el concurso de leyes se produce cuando un mismo supuesto de hecho o conducta unitaria puede ser subsumido en dos o más distintos tipos o preceptos penales de los cuales sólo uno resulta aplicable so pena de quebrantar el tradicional principio del non bis in idem** (...)».

En todos estos casos, de no acogernos a lo establecido en el artículo 8 del Código Penal, podríamos incurrir en una doble incriminación del hecho punible, lo que nos llevaría a un incumplimiento del principio de proporcionalidad, así como del principio de legalidad.

La reciente **sentencia del Tribunal Supremo n.° 958/2022, de 15 de diciembre, ECLI:ES:TS:2022:4494**, resume la **diferencia entre el concurso de normas y el de delitos** de la siguiente manera:

> «La diferencia esencial entre el concurso de normas y el concurso de delitos radica en que en el concurso de normas el hecho es único, en su doble vertiente natural (de la realidad) y jurídica (de la valoración), pues se entiende que el hecho lesiona del mismo modo el bien jurídico que es tutelado por las normas concurrentes, por lo que el contenido de injusto y de reproche de este hecho queda totalmente cubierto con la aplicación de sólo una de dichas normas penales, haciendo innecesaria la aplicación de las demás ya que ello vulneraría el principio "non bis in idem". En cambio, en el concurso de delitos, el hecho lesiona distintos bienes jurídicos, cada uno de los cuales es tutelado por una norma penal concurrente, de suerte que aquel hecho naturalmente único es valorativamente múltiple, pues su antijuricidad es plural y diversa, y para sancionar esa multiplicidad de lesiones jurídicas es necesario aplicar cada una de las normas que tutelan cada bien jurídico lesionado frente a acciones que también son diversas. (SSTS 1493/1999, de 21 de diciembre; 892/2008, de 26 de diciembre de 2008 y 413/2015 de 30 de junio)».

## 2.1. El principio de especialidad

El principio de especialidad, regulado en el artículo 8 del Código Penal, consiste en que **el precepto especial se aplicará con preferencia al precepto general.**

Se entiende por precepto especial el que contiene algún elemento o requisito adicional que lo diferencia del general, independientemente de que la pena que conlleva sea inferior o superior.

La **sentencia del Tribunal Supremo n.º 728/2008, de 18 de noviembre, ECLI:ES:TS:2008:6354** aclara que cuando nos encontramos ante un concurso aparente de normas, y los requisitos del tipo están contenidos en el precepto general y en el especial, incluyendo este último algún otro elemento, se aplicaría el principio de especialidad, que reiteradamente proclama la jurisprudencia *lex specialis derogat legi generale*, lo que puede ocurrir entre preceptos de una misma ley o de leyes distintas, y conlleva la prevalencia de la ley especial, con independencia de que la pena sea mayor o menor.

Jurisprudencialmente se ha definido el principio de especialidad y su utilización de la siguiente manera:

> «El principio de especialidad se aplica cuando los supuestos del tipo general entran en el tipo especial, el cual contiene además cualquier otro elemento adicional (requisito o elemento especializante que constituye la razón de ser del tratamiento diferenciado), resolviéndose a favor de la aplicación de la norma especial, conforme al principio "lex specialis derogat legi generale" y ello con independencia de que la ley especial imponga pena mayor o menor» **(sentencia del Tribunal Supremo n.º 480/2009, de 22 de mayo, ECLI:ES:TS:2009:3057)**.

También la **sentencia del Tribunal Supremo n.º 39/2020, de 6 de febrero, ECLI:ES:TS:2020:447**, analiza las distintas posiciones doctrinales ante el principio de especialidad, recogiendo que: *«Un sector de la doctrina especializada denomina a los supuestos en los que se debe aplicar el principio de especialidad como la Aparente concurrencia de Tipos Penales. Así, suele decirse que cuando el contenido de ilícito de un hecho punible ya se encuentra contemplado en otro tipo penal, el autor comete solamente una lesión a la ley penal. Estas situaciones ocurren cuando en el caso concreto hay una relación de especialidad, o de subsidiariedad o de consunción, o de alternatividad como se ha expuesto. Y se añade que al tiempo de resolver el concurso de tipos penales, en cuanto a su practicidad, solo se aplicará la pena del delito que mueve a los otros, desplazando, también, todo cómputo de penas de los otros delitos, ya que solo se infringe una de las normas aparentemente concurrentes»*.

Por otro lado, otros autores —según el Alto Tribunal— se refieren al concurso aparente de normas como: *«punibilidad subsidiaria»*, y mantienen que estos casos se resuelven simplemente por la interpretación del contenido de la ley penal.

A continuación, se recoge la postura del Tribunal Supremo:

> «Como estamos destacando, la doctrina penal apunta que el concurso de normas, o concurso aparente de leyes penales, hace referencia a situaciones en las que la conducta de un sujeto integra los requisitos típicos de varias figuras delictivas, de las que finalmente se aplica solo una, que es suficiente para captar el desvalor de la conducta. Esta característica permite su distinción de los casos de concurso de delitos, donde es preciso estimar cada uno de los delitos concurrentes para captar plenamente la realidad grupal del íntegro contenido del hecho probado.
>
> Destaca, así, esta Sala del Tribunal Supremo en su STS núm. 615/2016, de 8 de julio (STS 430/2009, de 29 de abril), señalando que "La regla

> fundamental para conocer si estamos ante un concurso de delitos o de normas ha de ser necesariamente una valoración jurídica por la cual, **si la sanción por uno de los delitos fuera suficiente para abarcar la total significación antijurídica del comportamiento punible, nos hallaríamos ante un concurso de normas; y en el caso contrario, ante un concurso de delitos**".
>
> Por esta razón, se apunta que la doctrina denomina al **concurso de leyes concurso aparente o inauténtico**, mientras que se refiere al **concurso ideal y real de delitos** como **concurso auténtico**. El hecho delictivo es subsumible a priori en más de un tipo penal, pero basta con uno solo de ellos para valorar la total gravedad de lo acontecido, por lo que, en el caso de aplicar más de uno de los preceptos en principio concurrentes, se estaría vulnerando el principio non bis in idem.
>
> Pero no podemos acometer esta apariencia de concurrencia de tipos cuando los hechos probados no permiten esa "apariencia", sino que la realidad del factum es que no hay unidad de acción, ni cabe absorber uno de ellos el resto de las conductas producidas, porque ello provocaría un denominado "ahorro de la respuesta penal" a la realidad típica y punible de la totalidad de los hechos cometidos por el autor.
>
> Actuar aplicando el principio de especialidad ante una pluralidad de hechos separables entre sí supondría implantar la teoría que, podríamos denominar, del descuento punitivo, ante hechos separables en el tiempo y en el tipo penal, y sin opción de acumularlos en uno solo de ellos».

Nuestro Alto Tribunal se ha pronunciado sobre la aplicación de este principio en distintos ámbitos, entre los que podemos citar, por ejemplo:

La **STS n.º 152/2024, de 21 de febrero, ECLI:ES:TS:2024:1146**, con relación al **delito de estafa** (art. 248 del Código Penal y siguientes), establece que la regulación de la estafa está constituida por un tipo básico y tres subtipos progresivamente agravados en atención a la gravedad de la conducta y a las necesidades de protección de los bienes jurídicos, de manera que, para resolver el concurso aparente de normas, es aplicable el principio de especialidad. En todo caso, si se reconocieran distintas especialidades sin posibilidad de optar por alguna de ellas de modo preferente, la aplicación del principio de alternatividad conduciría a la misma solución.

La **STS n.º 654/2006, de 16 de junio, ECLI:ES:TS:2006:3896**, en un supuesto de **coacciones y detención ilegal** (arts. 163 y 172 del Código Penal), considera que aplicando el principio de especialidad debe condenarse únicamente por el delito de coacciones, y no por el de detención ilegal, ya que no se ha probado que la víctima se haya visto privada de libertad más allá de la compulsión que se exige en el delito de coacciones.

La **STS n.º 303/2018, de 20 de junio, ECLI:ES:TS:2018:2309**, aplica el principio de especialidad penando únicamente un **delito de amenazas**, por entender que penar también el **quebrantamiento de medida cautelar de prohibición de comunicación** incurriría en una vulneración del *non bis in idem* y un exceso punitivo. Si bien, es cierto que en la **STS n.º 39/2020, de 6 de febrero, ECLI:ES:TS:2020:447**, ante las constantes reiteraciones de los quebrantamientos, considera la sala que no pueden subsumirse en la única amenaza, considerando que existe un concurso real de delitos, uno de amenazas agravadas por realizarse quebrantando una medida, y un delito continuado de quebrantamiento de medida.

La **STS n.º 64/2017, de 18 de noviembre, ECLI:ES:TS:2017:452**, considera que existe un concurso de normas, que debe resolverse por el principio de especialidad, en el caso de dos acusados que realizaron un **robo con fuerza en las cosas** en el piso superior, y un **robo con violencia** en el inferior, castigándose el delito más grave (robo con violencia).

**JURISPRUDENCIA**

**Sentencia del Tribunal Supremo n.º 261/2024, de 18 de marzo, ECLI:ES:TS:2024:1609**

**Asunto: Falta de algún elemento del tipo especial**

*«No es cuestión pacífica delimitar conceptualmente cada una de las formas del concurso de normas. De hecho, entre las relaciones de especialidad y subsidiariedad no faltan puntos de coincidencia que, en no pocas ocasiones, han contribuido a oscurecer la respuesta jurisdiccional. Sea como fuere, lo que debe estar fuera de toda duda -pese al arraigo de ese sintagma histórico- es que **la ley especial sólo deroga a la ley general cuando aquélla puede abarcar en su porción de injusto todos los elementos objetivos y subjetivos de la acción a calificar**. Si no es así -como sucede en el presente caso, al faltar la condición objetiva de punibilidad exigida por el tipo especial- se impone un segundo juicio de tipicidad con arreglo a la ley general, en este caso, el delito de estafa. Y es que la relación de especialidad surge precisamente cuando un tipo penal contiene todos los elementos del otro, pero su estructura típica se enriquece con algún añadido que hace explicable la razón de un tratamiento punitivo distinto que, en función del bien jurídico, puede ser atenuatorio o agravatorio. Conforme a esta idea, es evidente que la realización del tipo especial implica una forma específica y singularizada de lesión del tipo general que incrimina las defraudaciones».*

## 2.2. El principio de subsidiariedad

El artículo 8 del Código Penal establece que el precepto subsidiario se aplicará solo en defecto del principal, ya se declare expresamente dicha subsidiariedad, ya sea esta tácitamente deducible. En estos casos, tal y como recoge la **STS n.º 39/2020, de 6 de febrero, ECLI:ES:TS:2020:447, el precepto subsidiario solo resulta aplicable en el caso de que no entre en juego el principal**.

Cabe destacar que el Tribunal Supremo se ha pronunciado en el sentido de que *«(...) si el tipo penal es concebido como un* delito de peligro *y el bien jurídico protegido está ya seleccionado, individualizado y concretado en una víctima determinada, sobre la que se proyecta la ejecución del delito-fin valiéndose de una fase previa de preparación realizada por medio de los instrumentos de las nuevas tecnologías de la información y comunicación, no parece razonable ni coherente mantener un concurso real de delitos cuando el peligro se materializa en la misma víctima que se seleccionó o eligió ya al inicio de la ejecución del tipo penal de peligro. Desde esta perspectiva resulta claramente artificioso y distorsionador acudir a la configuración de un bien jurídico supraindividual para acabar penalizando una situación de peligro que se materializa toda ella en la única víctima, como sucede en el caso que ahora se examina»*, operando en estos casos el principio de consunción o el de **subsidiariedad tácita**. Así lo establece la **sentencia del Tribunal Supremo n.° 109/2017, de 22 de febrero, ECLI:ES:TS:2017:692**, en un caso de delito ciberacoso sexual y un delito de abuso sexual con respecto a una menor de trece años.

**CUESTIÓN**

**¿Qué es un delito de peligro?**

El delito de peligro es un tipo delictivo que se consuma sin necesidad de lesión del bien jurídico, con el simple peligro. Pueden ser de peligro concreto, que sería el que requiere la puesta en peligro concreta del bien jurídico (por ej. el delito de conducción temeraria que exige la puesta en peligro de determinadas personas), o de peligro abstracto, que se castigan por el mero hecho de realizar la acción peligrosa (por ej. el delito de conducción bajo los efectos del alcohol).

Otro caso en el que cabría la aplicación del principio de subsidiariedad lo vemos en la **sentencia del Tribunal Supremo n.° 518/2019, de 29 de octubre, ECLI:ES:TS:2019:3493**, que establece que: *«(...) el caso de presentación de elementos falsos con el propósito de cometer una estafa procesal, induciendo a error al juez con dichos documentos, puede presentar problemas concursales con el delito del art. 393, y entonces será preciso distinguir si el delito de estafa se ha consumado, supuesto en que el delito de estafa procesal absorbe al delito del art. 393 por ser un tipo más amplio y complejo (art. 8.3.° CP) o bien el delito de estafa no ha llegado a consumarse (tentativa) por no haber inducido a error los documentos falsos presentados y en este caso sería de aplicación el principio de subsidiariedad, excluyendo el precepto penal más grave al castigado con pena menor (art. 8.4 CP)».*

También la **sentencia del Tribunal Supremo n.° 406/2009, de 17 de abril, ECLI:ES:TS:2009:3022**, considera aplicable el principio de subsidiariedad por considerar que el delito de amenazas no puede penarse en este caso, al considerar que la amenaza está dirigida únicamente a encubrir la agresión sexual cometida, y que, por tanto, debe ser esta última la que se condene, en concreto recoge que *«(...)* la amenaza diluye su sustantividad típica, en la medida en que no es sino un acto propio dirigido expresamente a buscar la impunidad de otro de carácter precedente. *Lo que se busca, pues, es ocultar el acto que acaba de ejecutarse, debiendo ser reputado como un acto copenado y, por tanto, impune, al estar sometido a la regla de consunción impuesta por el art. 8.3 del CP o, desde otra perspectiva doctrinal, a la regla de la subsidiariedad tácita del art. 8.2 del mismo texto legal. Esta idea de absorción se ve reforzada por la lectura del factum, ya que el anuncio del mal se produce, inmediatamente después del concluido el acto sexual, cuando la víctima todavía se hallaba atada, antes de permitir su marcha en el mismo lugar en el que se había consumado la ofensa a su libertad sexual»*.

# 2.3. El principio de absorción o consunción

El principio de absorción o consunción, que aparece regulado en el artículo 8.3 del Código Penal, consiste en que el precepto penal más amplio o complejo absorberá a los que castiguen las infracciones consumidas en aquel.

La jurisprudencia establece *«(...) únicamente podrá aplicarse cuando el precepto penal más complejo consuma al otro más simple, lo cual solamente podrá admitirse cuando ninguna parte injusta del hecho quede sin respuesta penal, pues en otro caso deberá acudirse al concurso de delitos. En efecto, el art. 8.3 CP recoge la fórmula "lex consumens derogat legi comsumptae", lo que significa que el injusto material de una infracción acoge en sí cuantos injustos menores se sitúen respecto de ella en una relación cuantitativa de inferioridad, como el homicidio que absorbe las lesiones producidas para causarlo (...)».* (**Sentencia del Tribunal Supremo n.º 934/2022, de 30 de noviembre, ECLI:ES:TS:2022:4471**).

También resulta esclarecedora la **sentencia del Tribunal Supremo, n.º 626/2023, de 19 de julio, ECLI:ES:TS:2023:3544**, en la que se dice de este principio que: *«(...) exige en sintonía con la idea central de todo concurso aparente de normas, que el desvalor de uno de los tipos aparezca incluido en el desvalor tenido en cuenta en el otro. Dicho en otras palabras, que la desaprobación de una conducta descrita por la ley y expresada en la pena que la misma ley señala para esa conducta (lex consumens) abarque el desvalor de otro comportamiento descrito y penado en otro precepto penal (lex consumpta). Esta relación de consunción, más que en ningún otro supuesto concursal, impone que el examen entre los tipos penales que convergen en la subsunción se verifique, no en abstracto, desde una perspectiva formal, sino atendiendo a las acciones concretas desarrolladas por el acusado, puesto que las soluciones de consunción no admiten un tratamiento generalizado. Mediante este principio encuentran solución, tanto los casos en que al tiempo que se realiza un tipo penal se realiza simultáneamente otro delito -hecho acompañante- y aquellos otros en los que se comete un segundo delito con el fin de asegurar o aprovecharse de los efectos de un delito -hecho posterior impune o acto copenado (SSTS 576/2015, de 5 de octubre; 177/2017, de 22 de marzo; 194/2017, de 27 de marzo; 152/2018, de 2 de abril; 722/2018, de 23 de enero de 2019)»*.

**CUESTIÓN**

**¿Qué se entiende por actos copenados?**

Los actos copenados o absorbidos son aquellos actos cuya sanción penal ya está comprendida en la pena principal. Tal y como se recuerda en la **STS n.º 257/2022, de 17 de marzo, ECLI:ES:TS:2022:1191**: «(...) lo menos queda absorbido por lo más, en la progresión delictiva (...)».

El Alto Tribunal se ha pronunciado sobre la aplicación de este principio en distintos ámbitos, entre los que podemos citar, por ejemplo:

La **STS n.º 142/2023, de 1 de marzo, ECLI:ES:TS:2023:1274**, citando la STS **n.º 35/2012, de 1 de febrero, ECLI:ES:TS:2012:1008** recoge que «(...)

*el acto de* exhibición *de la propia desnudez es el hecho acompañante de las distintas acciones en que se concretaban los* abusos sexuales*. Se trata de una modalidad de progresión delictiva, que infringe en su desarrollo preceptos penales menos graves, afectantes al mismo bien jurídico y, por tanto, absorbidos por el mayor desvalor de la conducta que anima la intención del autor*».

La **sentencia del Tribunal Supremo n.° 244/2000, de 15 de febrero, ECLI:ES:TS:2000:1090** establece que el **robo con fuerza en las cosas**, que sería el delito más complejo, absorbe el de estructura más simple, que sería el **allanamiento**.

También en relación con el robo podemos citar la **STS n.° 835/2023, de 15 de noviembre, ECLI:ES:TS:2023:4880**, en la que se señala: *«(...)* el delito de robo *absorbe la pérdida transitoria de libertad cuando se realiza durante el episodio central del hecho, y que no se cumplen los elementos tendenciales del tipo delictivo de* detención ilegal *al estar comprendida ésta dentro de la normal dinámica comisiva, siempre que quede limitada al tiempo estrictamente necesario para efectuar el despojo según el " modus operandi" de que se trate. Por el contrario, el delito de detención ilegal adquiere autonomía propia respecto del robo cuando la privación de libertad es gratuita e innecesaria porque se prolonga más allá de lo que sería necesario para consumar el desapoderamiento»*. Aclarando que en el primero de los casos el delito de robo absorbería al de detención ilegal.

La **STS n.° 83/2011, de 21 de febrero, ECLI:ES:TS:2011:902**, también ve aplicable el principio de absorción con relación al delito de **estafa impropia (art. 251 del CP)** y el de **insolvencia punible** —frustración de la ejecución— (art. 257 del CP), ya que considera que la insolvencia es una consecuencia necesaria del delito de estafa impropia al conllevar toda segunda venta de un mismo bien la insolvencia cuanto menos parcial del vendedor, lo que frustra el derecho del primer comprador.

Otro ejemplo lo tenemos en la **STS n.° 1138/2001, de 14 de junio, ECLI:ES:TS:2001:5086**, en la que el robo del vehículo absorbería el de los objetos que se encuentren en el mismo por entender que estamos ante un único robo que incluye tanto el vehículo como los objetos que en él se encontrasen.

También existe concurso de normas entre el tráfico de drogas y el contrabando, que se resuelve absorbiendo el delito de tráfico de drogas al de contrabando, tal y como se recogió en el **Acuerdo del pleno no jurisdiccional de 19 de julio de 2000.**

**CUESTIÓN**

**¿En qué consiste la teoría del «autoencubrimiento impune»?**

La teoría del «autoencubrimiento impune» consiste en que la ocultación de pruebas del delito efectuada por los propios autores queda absorbida por el delito que se pretende encubrir. La **STS n.° 671/2006, de 21 de junio, ECLI:ES:TS:2006:3818** explica esta figura de la siguiente manera: «sostiene que no puede ser apreciado el delito en aquellos supuestos, en que lo único que se pretende con el traslado del cadáver, con su descuartizamiento y posterior destrucción en la incineradora, es exclusivamente esconder y disimular la acción homicida, ni muchísimo menos, atentar contra las normas reglamentarias que salvaguardan la salud pública, ya que sería paradójico, cuando no risible, obligar al homicida a solicitar previamente de las autoridades sanitarias ese traslado». Añadiendo la **STS n.° 518/2019, de 29 de octubre, ECLI:ES:TS:2019:3493:**

*«Sin embargo la recepción de la doctrina del autoencubrimiento impune no tiene un alcance extensivo a todo tipo de delitos y supuestos, sino que quedan exceptuados los actos practicados por el autoencubridor que constituyan de por sí un nuevo delito.*

*La STS 1807/2000, de 25 de noviembre, contemplo el supuesto de un funcionario auxiliar de Correos que se abstuvo de entregar dos paquetes postales a su destinatario para apoderarse de su contenido, simulando una rúbrica en el lugar del libro de reparto en que deben estampar su firma las personas que reciben los paquetes y entendió incuestionable que tal conducta era plenamente subsumible en el art. 390.1-3 CP, rechazando el autoencubrimiento impune en la medida en que el hecho ya suponía una lesión al bien jurídico protegido mediante la punición de las falsedades.*

*Igualmente la STS 356/2018, de 17 de julio, con cita en de la 20/2016, de 26 de enero, recuerda en un caso en que los actos llevados a cabo para encubrir un delito rebasan la antijuridicidad que abarca el mismo, el autoencubrimiento impune no puede estimarse. De manera que podrán castigarse aquellos actos dirigidos a encubrirse a uno mismo si estos constituyen por sí mismos un nuevo delito cuyo desvalor no es subsumible en el delito que origina esta conducta.*

*En el caso que nos ocupa cuando el expediente simulado se erige en instrumento o medio para producir la malversación en concurso con la prevaricación podría plantearse la consunción del delito de estafa procesal en los delitos contra la Administración Pública, pero no es este el supuesto contemplado (...)».*

## 2.4. El principio de alternatividad o mayor rango punitivo

El artículo 8 del Código Penal contiene una cláusula de cierre que consiste en que, **en el caso del concurso de normas, el precepto penal más grave excluirá los que castiguen el hecho con una pena menor.**

Estamos ante una cláusula residual para solucionar el concurso de normas penal, según el cual, cuando no se puedan aplicar los principios de especialidad, subsidiariedad, y absorción o consunción, procederá a penarse el hecho que conlleve una pena más grave, excluyendo el que conlleve una pena inferior.

El Tribunal Supremo aplica este principio en distintos supuestos, entre los que podemos citar a modo de ejemplo:

La **sentencia del Tribunal Supremo n.° 1182/2006, de 29 de noviembre, ECLI:ES:TS:2006:7479**, considera que el delito del artículo 325 del CP, **contra los recursos naturales y el medio ambiente**, es más grave, y por tanto excluye el delito regulado en el artículo 319 del CP, **sobre la ordenación del territorio y el urbanismo**, por entender que *«(...) si la conducta consistente en construir sin autorización configura el delito contra la ordenación del territorio del art. 319.1, es porque esa actividad constructora se realiza en una zona de valor ecológico y considerada de especial protección precisamente por ese* *valor ecológico que la norma quiere preservar. Y desde luego, ese mismo bien jurídico es el que tutela el art. 325 en su vertiente de proteger el equilibrio de los sistemas naturales, cuya significación ecológica no admite duda»*.

La **sentencia del Tribunal Supremo n.º 316/2021, de 15 de abril, ECLI:ES:TS:2021:1642**, o la reciente **STS n.º 346/2024, de 25 de abril, ECLI:ES:TS:2024:2253**, con relación a una única acción que dio lugar a **un hurto en grado de tentativa y a uno consumado**, analiza como relevante la posibilidad de que se considere un hurto superior a 400 euros (teniendo en consideración tanto lo efectivamente sustraído, como lo intentado), o hurto inferior a 400 euros (considerando la cuantía de lo efectivamente sustraído sin incrementarla con lo intentado), concluyendo que *«tanto en los supuestos de autoría individual como plural, la acción delictiva alcanza la perfección aunque no se logre la disponibilidad de la totalidad de los efectos sustraídos. Doctrina que solo modulamos en el sentido de interpretar que, en casos de consumación parcial de un delito de hurto, también aplicable a los de estafa y apropiación indebida, no cabrá entender consumado el delito con arreglo a una calificación más grave, cuando la cuantía de los efectos respecto de los que se ha obtenido la disponibilidad parcial no alcanza la que la misma requiere. Tales supuestos se resolverán a través de las reglas del concurso de normas, entre la infracción más grave en atención al valor conjunto de todos los efectos, en grado de tentativa, y la consumada a tenor de la disponibilidad efectiva, a resolver de conformidad con la regla del artículo 8.4 CP. En este caso, entre el tipo previsto en el artículo 234 1 y 3 CP intentado, y el delito leve del artículo 234 2 y 3 CP consumado»*, es decir, los efectos que no llegaron a ser efectivamente sustraídos no contribuyen de manera efectiva a conformar una tipicidad más grave.

La **sentencia del Tribunal Supremo n.º 674/2020, de 11 de diciembre, ECLI:ES:TS:2020:4222**, considera en relación a los delitos de **falsedad en documento privado y estafa procesal**, que: *«Por regla general la estafa absorberá la falsedad en la medida en que el perjuicio efectivamente causado engloba el engaño y ánimo de perjudicar. Sin embargo en algunos supuestos particulares se abre paso, por el principio de alternatividad, la regla de la sanción más grave del n.º 4 del artículo 8 CP. En concreto cuando la estafa no haya llegado a perfeccionarse (entre otras SSTS 860/2013 de 26 de noviembre ó 195/2015 de 16 de marzo), pues en tales casos al no haberse alcanzado el propósito defraudatorio, ambas infracciones tienen el mismo grado de especificidad. Además resulta contrario a la lógica que el autor de un delito de falsedad en documento privado se viese privilegiado por el hecho de haber intentado o cometido además una estafa»*.

También la **sentencia del Tribunal Supremo n.º 1277/2003, de 10 de octubre, ECLI:ES:TS:2003:6186**, aplica la norma del artículo 8.4 del CP, entre el **artículo 148.1 del CP (lesiones empleando instrumento peligroso)** y **artículo 150 del CP (causar deformidad)**, por considerar que *«Entre tales arts. 148.1.º y 150 no hay relación alguna de especialidad, subsidiariedad o absorción. Por tanto, habrá de aplicarse esta regla 4.ª, que algunos llaman de alternatividad o subsidiariedad impropia, en virtud de la cual ha de preferirse, entre las leyes en concurso, el precepto penal más grave, que el en el caso presente lo es el del art. 150»*.

# 3.
# CONCURSO REAL DE DELITOS

El concurso real de delitos se produce cuando una pluralidad de acciones atenta contra diferentes bienes jurídicos, y cada una de ellas constituye una infracción que es independiente de las demás. En tal caso, **se habrán realizado varios comportamientos que darán lugar a distintos delitos.**

Es importante partir de la diferencia que existe entre el concurso de normas y el concurso de delitos. Tal y como se recoge en la **sentencia del Tribunal Supremo n.° 346/2024, de 25 de abril, ECLI:ES:TS:2024:2253**, el concurso de normas *«(...) implica, por definición, una unidad valorativa frente al hecho cometido, de suerte que la aplicación de uno solo de los tipos que convergen en la definición del concurso, es más que suficiente para agotar todo el desvalor jurídico-penal que puede predicarse de la infracción. Forma, pues, parte de su fundamento la suficiencia de uno de los preceptos para la correcta y plena valoración jurídico-penal de la conducta. De no acoger las normas concebidas por el legislador para la solución de esos casos de colisión de preceptos penales, se correría el riesgo de incurrir en una doble incriminación del hecho, con la consiguiente quiebra del principio de proporcionalidad».*

Por ejemplo, en relación con un delito de lesiones y un delito de agresión sexual, nuestro Alto Tribunal ha indicado en numerosas ocasiones (véase por todas la **STS n.° 340/2024, de 25 de abril, ECLI:ES:TS:2024:2276**) los **parámetros para saber cuándo nos encontramos ante un concurso de normas o un concurso de delitos,** en los términos siguientes: *«(...) la diferenciación entre la* violencia necesaria*, absorbida en el delito de agresión, y la* violencia excesiva*, superadora de lo instrumentalmente preciso para su ejecución y por ello mismo sancionable de forma diferenciada, no puede establecerse con relación exclusivamente limitada al elemento típico del acto sexual de que se trate, sino también al vencimiento de la voluntad contraria mediante la fuerza necesaria, es decir, instrumentalmente imprescindible para doblegar la oposición de la víctima. De modo que en la medida en que esa violencia se mantenga en los límites de esa necesidad instrumental, el desvalor de su ejercicio quedará absorbido en la antijuridicidad del delito de agresión sexual, y en cambio se penará con independencia cuando supere esos límites por exceder lo necesario para la agresión sexual»*, es decir, si la **violencia** empleada se mantiene dentro de los límites de la **fuerza instrumental imprescindible** para doblegar la oposición de la víctima, el desvalor de su ejercicio quedará **absorbido** en la antijuridicidad de la agresión sexual.

En la **sentencia del Tribunal Supremo n.º 342/2013, de 17 de abril, ECLI:ES:TS:2013:2222**, se analiza la distinción entre el concurso de normas y el concurso de delitos, para acabar concluyendo que *«(...) la condena por un delito de amenazas graves del art. 169.1 del CP, lejos de absorber el desvalor de la conducta consistente en obligar a la víctima a que, durante varios meses, le remitiera vídeos de contenido sexual, grabándose ella misma, es perfectamente compatible con el delito contra la integridad moral del art. 173.1 del CP . Estamos, en definitiva, ante un* concurso real de delitos*, no ante un concurso aparente de normas, como erróneamente ha entendido el tribunal a quo»*.

# 3.1. Doctrina del Tribunal Supremo

## Concurso real entre la conducción bajo los efectos del alcohol y la negativa a someterse a las pruebas de alcoholemia

**El acusado conducía con sus facultades disminuidas debido a la ingesta de alcohol y, ante el requerimiento de los agentes para someterse a la prueba de alcoholemia, se niega a realizarla.**

Sentencia del Tribunal Supremo n.º 419/2017, de 8 de junio, ECLI:ES:TS:2017:2315.

### || Antecedentes de hecho

La Audiencia Provincial de Barcelona dictó sentencia en fecha 12 de septiembre de 2016, en virtud de la cual se confirmaba la condena al acusado en primera instancia como autor de un delito contra la seguridad del tráfico, del artículo 379 del Código Penal, apartado 2, y como autor, con la concurrencia de la circunstancia atenuante de embriaguez, prevista en el art. 21.6.º en relación con el artículo 21 del CP, apartado 1, y art. 20.2.º del Código Penal, de un delito de desobediencia del artículo 383 del Código Penal, todo ello basándose en los siguientes hechos:

1.º- El día de los hechos, el acusado conducía un vehículo con sus capacidades mermadas como consecuencia de la previa ingesta de alcohol.

2.º- Bajo los efectos del alcohol, el acusado condujo de forma irregular, llegando incluso a cruzar el vehículo en la calzada, impidiendo la circulación del resto de usuarios de la vía.

3.º- Apreciada esta conducta por una dotación policial y ante los síntomas evidentes de intoxicación etílica, se le requirió para someterse a las pruebas de alcoholemia, a lo que el acusado se negó en repetidas ocasiones, aun habiéndosele informado de las consecuencias de su negativa.

Contra esta sentencia de la Audiencia Provincial de Barcelona, el acusado presentó recurso de casación alegando infracción de ley del artículo 849 de la LECrim, apartado 1, infracción de precepto penal sustantivo, denunciando la indebida aplicación de los artículos 379.2 y 383 del Código Penal.

## || Fundamentos de derecho

En lo que aquí interesa, la citada sentencia analiza si, con relación a los delitos de conducción bajo los efectos del alcohol y negativa a someterse a las pruebas de alcoholemia, **podría hablarse de un concurso de normas o de un concurso de delitos**. Para ello, la sentencia contempla la cuestión de si ambos tienen el mismo bien jurídico protegido, así como la de si se vulnera el principio de proporcionalidad, citando la **sentencia del Tribunal Constitucional, n.º 1/2009, de 12 de enero, ECLI:ES:TC:2009:1**, que establece que:

> «(...) la identidad de autor, hecho y fundamento jurídico de las dos infracciones (ya sean penales o administrativas) que la vulneración del indicado principio exige, no concurre en el presente supuesto, desde el momento en que el hecho sancionado en el art. 379 CP consiste en conducir un vehículo a motor o un ciclomotor bajo la influencia de, entre otras, bebidas alcohólicas, mientras que el delito tipificado en el art. 380 CP sanciona la negativa a someterse a pruebas legalmente establecidas para la comprobación de que se conduce bajo la influencia de bebidas alcohólicas. La disimilitud de conductas típicas excluye pues la vulneración del principio non bis in ídem».

Ahondando en el tema del bien jurídico protegido, se recoge que *«(...) aunque se considerara como único bien jurídico protegido la seguridad vial y, de forma indirecta, la vida y la integridad física o la salud de las personas, lo cierto es que tampoco tendría por qué hablarse necesariamente de un bis in ídem. Pues puede considerarse que se está atacando un mismo bien jurídico de dos modos y con hechos diferentes: una de forma más directa mediante la conducción bajo la influencia de bebidas alcohólicas, y la otra impidiendo que se haga una investigación policial con unas garantías de eficacia para que se acabe protegiendo mediante una pena el menoscabo de la seguridad vial. A fin y al cabo, ello es lo que se hace normativamente cuando se establecen subtipos agravados que protegen el mismo bien jurídico»*.

En cuanto a la proporcionalidad de la pena, la sentencia establece que *«partiendo de la premisa incuestionable de lo complejo y difícil que resulta axiológicamente determinar cuál es la pena adecuada o proporcionada para un ilícito penal concreto, todo indica, a tenor de lo que se ha venido argumentando, que el legislador ha considerado en el presente caso que la punición acumulada de ambos tipos penales era necesaria para reforzar con una mayor eficacia la tutela penal de los importantes bienes jurídicos personales que están detrás de los riesgos de la circulación vial, según se acredita mediante las cifras negras que reiteradamente publica la Dirección General de Tráfico. Tanto por razones de prevención general como de aseguramiento probatorio de los juicios en que se dirima una condena penal por el art. 379.2 del C. Penal »*. **Concluyendo que no existe una desproporción punitiva que desplace el concurso real de delitos, en favor del concurso de normas.**

## || Resolución

Se desestima el recurso planteado y se confirma la sentencia recurrida, con imposición de costas al recurrente.

## Concurso real entre un delito de asesinato consumado y dos de asesinato en grado de tentativa

**El acusado atropelló dolosamente a tres familiares causando la muerte de uno de ellos.**

Sentencia del Tribunal Supremo n.º 418/2014, de 21 de mayo, ECLI:ES:TS:2014:2243

### || Antecedentes de hecho

El 10 de octubre de 2013, la Audiencia Provincial de Jaén dictó sentencia en la que condenaba al acusado como autor responsable de un delito de asesinato del art. 139 del CP, apartado 1, en relación con el **art. 138 del CP**, y como autor de dos delitos de asesinato en grado de tentativa de los arts. 139.1, 138, 16.1 y 62 del CP, en relación de concurso real de delitos, con la agravante de parentesco del **art. 23 del CP**, aplicable a todos ellos, absolviendo al acusado del delito de amenazas graves, y del delito de lesiones. Todo ello con base en los siguientes **hechos probados**:

1.º- El acusado acudió a casa de su madre y mantuvo con ella una discusión. En medio de dicha disputa llegaron a la vivienda la hermana del acusado y su cuñado, acompañados de una sobrina menor de edad.

2.º- El cuñado le recriminó su actitud, llegando incluso a producirse un forcejeo entre los dos hombres, lo que motivó que la hermana del acusado interviniese para separarlos, ante lo cual el acusado abandonó la vivienda profiriendo expresiones como «*yo a ese lo mato*».

3.º- El acusado se fue a su coche, donde cogió un cuchillo con el que volvió al domicilio de su madre diciendo frases como «*te lo juro por mi padre que está muerto que te tengo que matar*», abandonando después la vivienda.

4.º- Cuando la hermana, el cuñado y la sobrina menor de edad del acusado abandonaron la vivienda, este los atropelló de forma intencionada, llegando a subir el vehículo a la acera y empotrándolo contra la pared, abandonando a continuación el lugar corriendo sin auxiliar a las víctimas.

5.º- Como consecuencia del atropello la menor resultó fallecida, y tanto la hermana como el cuñado del acusado resultaron lesionados.

Contra la sentencia de la Audiencia Provincial de Jaén se presentó recurso de casación por la representación del acusado, que, en lo que aquí nos interesa, **postula la tesis del concurso ideal de delitos frente al concurso real que, con acierto, declara la sentencia.**

> **A TENER EN CUENTA.** Los artículos 138, 139 y 16 del CP han sido modificados por la Ley Orgánica 1/2015, de 30 de marzo, en vigor desde el 1 de julio de 2015.

### || Fundamentos de derecho

Establece la sentencia que: «*(...) Se cometieron un delito de asesinato consumado y dos delitos de asesinato en tentativa. Se trata de bienes jurídicos personales por los que no es posible la continuidad ni la absorción de un de-*

*lito en otros, ni el concurso ideal que se postula, sino que cada acción dolosa ejecutada que afecta a una persona constituye un delito.* En los delitos dolosos, como es el caso hay tantos "hechos" como resultados en las personas víctimas, *y en consecuencia habrá tantos delitos de homicidio o asesinato en tentativa cuantos fuesen los lesionados sin posibilidad de integrar tales hechos en el asesinato consumado, y por otra parte como ya se ha dicho, la diferencia entre el dolo directo —que en el presente caso es evidente— y el eventual, no autoriza a considerar este como un expediente atenuatorio generalizado*».

### || Resolución

Se declara no haber lugar al recurso de casación, y se imponen las costas al recurrente.

## Concurso real entre un delito de fraude a la Administración y uno de revelación de información confidencial

**Los acusados (cargos públicos) facilitaron a una mercantil información confidencial con el fin de beneficiarla en un concurso público.**

**Sentencia del Tribunal Supremo n.º 391/2014, de 8 de mayo, ECLI:ES:TS:2014:1869**

### || Antecedentes de hecho

La Audiencia Provincial de Baleares, en fecha 23 de julio de 2013, dictó sentencia por la que condenaba, entre otros delitos y centrándonos únicamente en el tema que aquí nos ocupa, por un delito de fraude a la Administración (art. 436 de la CP) y por un delito de revelación de información confidencial (**art. 417 del CP**), todo ello con base en los siguientes **hechos**:

1.º- Los acusados, aprovechando la posición que les conferían sus cargos, de común acuerdo y para beneficiar a una mercantil a cambio de una determinada comisión, realizaron actos administrativos y gestiones en el proceso de enajenación de una finca, apartándose de manera injustificada del interés público y enajenando esos terrenos por el procedimiento de concurso, en vez de por el de subasta, que era el que correspondía.

2.º- Durante la tramitación del expediente cometieron diversas irregularidades y arbitrariedades, incumpliendo deliberadamente diversas leyes y reglamentos, y facilitaron a la mercantil a la que pretendían beneficiar información previa de las condiciones del contrato, lo que perjudicó a otros licitadores, a los que se les impidió obtener un importantísimo contrato público.

3.º- En fecha 5 de junio de 2006 el pleno del CIM adjudicó a la empresa que los procesados intentaban beneficiar, por un precio de 30.000.000 euros, la enajenación de la finca, cuando los peritos judiciales valoraron los terrenos en 59.914.721,75 euros.

Contra la sentencia de la audiencia se presentaron diversos recursos de casación por infracción de ley, de precepto constitucional y por quebrantamiento de forma.

**A TENER EN CUENTA.** El art. 436 del CP ha sido modificado con posterioridad a esta sentencia por la Ley Orgánica 1/2015, de 30 de marzo.

## || Fundamentos de derecho

Ante la alegación de los acusados de que la sentencia recurrida aplica indebidamente el **art. 73 CP**, al sancionar como concurso real de delitos el de fraude a la Administración y el de revelación de información confidencial, cuando lo correcto hubiere sido considerarlo un concurso de normas y aplicar el art. 8 del CP, de modo que el delito de revelación de información ha de quedar absorbido en el de fraude, la Sala considera que:

> «(...) el fraude a la Administración es una figura, según la descripción contenida en dicho precepto, de mera actividad, que se consuma, sin necesidad de ocasionar resultado alguno (...).
>
> En cualquier caso, lo cierto es que la posterior revelación de informaciones confidenciales, que integra a su vez el delito del artículo 417, aún cuando persiga así mismo la finalidad de dar cumplimiento a los ilegales propósitos que fueron causa originaria de aquel concierto, queda fuera, tanto temporal como conceptualmente, del ámbito y consiguiente desvalor del previo delito del " concierto"».

Concluye la citada sentencia que *«(...)* es perfectamente concebible la existencia del delito de fraude sin la concurrencia de revelación de información y viceversa, lo que evidencia de nuevo la absoluta independencia entre ambos y la falta de coincidencia, siquiera parcial, de sus respectivos contenidos*»*.

Destaca también la valoración que hace la Sala sobre los distintos bienes protegidos por uno y otro delito, ya que en un caso sería el buen funcionamiento, la credibilidad y confianza en la Administración, y en el otro los intereses propios de lo público.

En cuanto a la alegación de los acusados pretendiendo la calificación de los hechos como concurso medial y no real, la Sala recoge que: *«(...) ambas infracciones se encuentran funcionalmente desvinculadas entre sí, concluyendo la ejecución del delito del artículo 436 cuando se produce el acuerdo para la defraudación, y no siendo el medio necesario e instrumental para la comisión ulterior de la revelación informativa puesto que esta en modo alguno requiere de aquel para su existencia».*

Los mismos razonamientos aplica la Sala para contestar al recurso que plantea que los delitos de transmisión ilícita de información (**art. 417 del CP**) habrían de ser absorbidos por el delito de concierto para cometer el fraude a la Administración (**art. 436 del CP**), entendiendo que nos encontramos ante un *«(...) delito de mera actividad, que se consuma con el " concierto" con la finalidad defraudatoria, mientras que el segundo se comete fuera del ámbito temporal y funcional del primero, ambos se refieren a la protección de bienes jurídicos por completo diferentes y el desvalor de uno de ellos no abarca, en modo alguno, el del otro, hasta el punto de que es del todo concebible su comisión independiente y recíprocamente prescindible»*.

### || Resolución

Se estiman parcialmente los recursos de casación interpuestos por parte de las representaciones, y se desestiman íntegramente el resto. En lo que a nosotros nos incide y hemos tratado en este análisis, se desestiman los mismos y se mantiene el concurso real de los delitos citados.

## Concurso real entre un delito de acoso sexual y dos delitos de violación

**Tras meses de acoso, el acusado (jefe) violó en dos ocasiones a la víctima (empleada).**

**Sentencia del Tribunal Supremo n.º 343/2013, de 30 de abril, ECLI:ES:TS:2013:1934**

### || Antecedentes de hecho

La Audiencia Provincial de A Coruña, el día 24 de abril del 2012, dictó sentencia que condenaba al acusado como autor de un delito de acoso sexual previsto y penado en el artículo 184 del CP, apartados 1 y 2, y de dos delitos de violación previstos y penados en los artículos 178.1, 179 y 180.1.5.º del CP, con base a los siguientes hechos probados:

1. En marzo de 2009 la víctima comenzó a trabajar en la empresa del acusado.

2. Desde el comienzo de la relación laboral, aprovechándose de la situación de mando, el acusado presionó a la víctima para que accediese a mantener relaciones con él, llegando a producirse acometimientos físicos tales como *«dándole una palmada, o tocándole, en culo, en el pecho, o metiéndole las manos entre las piernas»*.

3. El 28 de septiembre de 2009, el procesado agarró a la víctima, la tiró al suelo y colocándole una navaja en el cuello, la obligó a desnudarse y llegó a penetrarla vaginalmente, a pesar de los forcejeos de ella.

4. El 26 de octubre del mismo año, la víctima fue nuevamente abordada y penetrada por vía vaginal, tras lo cual la víctima acudió a un centro hospitalario donde fue diagnosticada por el Médico Forense de un Trastorno de Estrés Postraumático, de carácter crónico.

5. El procesado fue detenido el 28 de octubre de ese mismo año, merodeando en las inmediaciones del domicilio de la víctima.

Contra la sentencia de la audiencia se presentó recurso de casación por infracción de precepto constitucional que consagra el derecho a la presunción de inocencia (art. 24.2 de la CE); al amparo del art. 849.1 de la LECrim por aplicación indebida de los arts. 178, 179, 180, 184 y 74 del CP; y al amparo del art. 849 de la LECrim, apartado 2.

> **A TENER EN CUENTA.** Los mentados artículos del CP han sido reformados por la Ley Orgánica 10/2022, de 6 de septiembre, en vigor desde el 7 de octubre del2022, y por la Ley Orgánica 4/2023, de 27 de abril, en vigor desde el 29 de abril del 2023, siendo de aplicación en la sentencia analizada los preceptos vigentes en su momento y no los actuales. Si bien estas modificaciones no afectan a las normas de concurso.

### || Fundamentos de derecho

Con relación al concurso que aquí tratamos, el recurrente plantea que debería aplicarse la norma penal que comprende todo el contenido de ilícito de otro tipo penal y que es más grave, por lo que, el precepto penal más amplio o complejo absorbe los que castigan las infracciones subsumidas en aquel y, por tanto, los delitos de violación absorberían en este caso el delito de acoso sexual, ante lo cual la Sala explica que: *«(...) la consunción de una norma solo puede admitirse cuando "ninguna parte injusta del hecho" queda sin respuesta penal, debiendo accederse en otro caso al concurso de delitos».*

Se especifica en la sentencia objeto de análisis que:

> «(...) ciertamente el art. 184, no ha previsto expresamente la sanción del concurso de delitos que puede producirse si la mera solicitud de favores sexuales, fuera ulteriormente acompañada de una concreta relación de esta naturaleza, por ejemplo acceso carnal, ello ha llevado a un sector doctrinal a entender que, de concurrir dicha relación, la problemática concursal planteada habría de resolverse por consunción a favor del delito de abusos sexuales de "prevalimiento" de los arts. 181.3 ó 181.4, respectivamente, en función de la trascendencia del acto sexual ejecutado, pero cuando nos encontramos con dos acciones constitutivas de sendas violaciones acaecidas en septiembre y octubre 2009, separadas, por tanto, temporalmente de una conducta del acusado iniciada en marzo 2009, cuando comenzó la relación laboral y prolongada varios meses con tocamientos, comentarios humillantes y exigencias sexuales, esta conducta tiene plena independencia y no puede entenderse absorbida por aquellas dos acciones de penetración vaginal con uso de armas blancas, sucedidas meses después».

Es decir, la Sala considera que **hay que apreciar un concurso real de delitos, ya que la conducta de acoso que llevo a cabo el acusado no puede quedar subsumida en las violaciones, ya que estas tuvieron lugar meses después.**

### || Resolución

Se declara no haber lugar al recurso, confirmándose la sentencia recurrida, y condenándose en costas al recurrente.

## Concurso real entre el delito continuado de agresión sexual y el de corrupción de menores

**El condenado agredió sexualmente a su sobrina menor de edad en varias ocasiones y contaba con material pornográfico de la menor con el que la amenazaba.**

**Sentencia del Tribunal Supremo n.º 676/2024, de 27 de junio, ECLI:ES:TS:2024:3745**

### || Antecedentes de hecho

En fecha 14 de septiembre de 2023, el Tribunal Superior de Justicia de la Comunidad Valenciana confirmaba la sentencia de la AP en la que se condenaba al acusado como autor de un delito continuado de agresión sexual a menor de edad con violencia e intimidación y abuso de superioridad, y como autor de un delito de corrupción de menores, en base a los siguientes hechos:

1. Aprovechándose de la convivencia en el mismo domicilio y posteriormente de la proximidad familiar que provocaba visitas de la menor a la vivienda del acusado, y de la diferencia de edad, el acusado realizó tocamientos y penetraciones vaginales en diversas ocasiones a la menor.
2. Además, el acusado intimidaba a la víctima con contar lo sucedido a la familia y con hacer público el material fotográfico y videográfico en el que la menor aparecía desnuda y con actitud sexual, llegando en ocasiones a golpearla.
3. La menor acabó confesando lo sucedido a su tío, lo que motivó que el acusado enviara las fotos y vídeos a otra prima, motivando que su abuela, representante de la menor en España, presentase denuncia por estos hechos.

Contra la sentencia del TSJ confirmando la de la AP se presentó recurso de casación, en lo que a este tema interesa, por infracción de ley (art. 849.1 de la LECrim), por inaplicación del principio de consunción con relación al concurso aparente de normas del art. 8 del CP, apartados 3 y 4.

### || Fundamentos de derecho

La parte recurrente entiende que el delito de pornografía infantil debería quedar absorbido por el delito de agresión sexual, puesto que la solicitud del material fotográfico se produjo en el contexto de los actos ilícitos que constituyen la agresión sexual, considerando, por tanto, que se trata de una parte de la fase ejecutiva del delito principal al no existir una separación temporal que convierta el material fotográfico como un fin en sí mismo. Es decir, pretenden la existencia de un concurso de normas en el cual el delito del art. 189 del CP quedaría absorbido en el del art. 183 del CP.

> **A TENER EN CUENTA.** El art. 183 del CP ha sido modificado por la Ley Orgánica 10/2022, de 6 de septiembre, de garantía integral de la libertad sexual, regulándose en la actualidad en el art. 181 del CP también modificado por dicha Ley, y también por la Ley Orgánica 4/2023, de 27 de abril, si bien al entender que resultaría perjudicial para el reo aplicar la redacción actual, se optó por la redacción anterior.

El Tribunal Supremo entiende que la condena por ambos delitos es correcta al atacarse dos bienes jurídicos distintos y concluye:

> «Como hemos dicho en STS 891/2022, de 11-11, la aplicación de ambos tipos delictivos resulta correcta, pues solo así se cubre el total de la acción. Hay un ataque directo a la indemnidad sexual de la menor y, además, independientemente se obtienen fotografías de la misma, desnuda o masturbándose, que se guardan en dispositivos con posibilidad de ser exhibidas,

compartidas o difundidas. Son, por tanto, acciones distintas que atacan bienes jurídicos diferentes: la libertad e indemnidad sexual de la víctima (art. 183 -hoy 181 CP-) y la indemnidad sexual, el libre desarrollo de su personalidad e intimidad (art. 189). Resulta evidente que no es lo mismo y no debe merecer el mismo tratamiento penal, agredir sexualmente a una menor de 13 años y distribuir fotografías pornográficas y un vídeo de la misma masturbándose -con el riesgo de su difusión indiscriminada en las redes-, que "únicamente" agredirla sexualmente».

Además, con cita de la **STS n.º 244/2014, de 25 de marzo, ECLI:ES:TS:2014:1367**, recuerda lo siguiente:

«El tribunal parece argumentar sobre la existencia de un concurso de normas a resolver por el principio de absorción. Indica que los hechos, la grabación y disfrute personal de las fotografías y los vídeos, son actos subsumibles en el tipo penal del abuso continuado y absorbidos por éste. Esa argumentación, no desarrollada, obvia que esta modalidad comisiva no solo protege el libre desarrollo de la personalidad de un menor que es inducido y utilizado para la captación de su imagen para la satisfacción de apetencias de contenido sexual. El tipo protege también el derecho a la propia imagen y la potencialidad de un riesgo de posterior exhibición por terceras personas ajenas a la realización de las fotografías e incluso a la posesión del condenado. Una vez guardadas en archivos, como la memoria de un ordenador o de un teléfono, la potencialidad de difusión es un riesgo evidente. Pero es que, además, el delito de abuso sexual es un delito de propia mano que se consuma con la realización de actos típicos derivados de una conducta personal, en tanto que la producción gráfica permanece en el tiempo almacenada en soportes digitales y extravasa el mero contacto personal».

### || Resolución

La Sala desestima el recurso de casación, e impone las costas al recurrente.

## Concurso real cuando se trata de un solo hecho que conlleva varios delitos dolosos

**Los acusados secuestran a una madre y a su hijo menor de edad como represalia por la desaparición de un paquete de droga que la madre accedió a transportar, y piden por ello un rescate a la familia.**

Sentencia del Tribunal Supremo n.º 788/2003, de 29 de mayo, ECLI:ES:TS:2003:3682

### || Antecedentes de hecho

La Audiencia Provincial de Madrid, dictó sentencia el 16 de mayo de 2002, condenando a parte de los procesados, en la materia que nos incumbe, como autores de dos delitos de secuestro, el segundo de ellos agravado por la circunstancia de la minoría de edad de la víctima, en concurso ideal, sin la concurrencia de circunstancias modificativas de la responsabilidad criminal, en base a los siguientes hechos que declara como probados:

1. A finales de octubre del año 2000, la víctima accedió a transportar un paquete que supuestamente contenía cocaína a cambio de una cantidad de dinero (hechos que se juzgaron en otro procedimiento). En la entrega del paquete hubo problemas debido a los cuales el paquete parece ser que no llegó a sus destinatarios.

2. Estando paseando la víctima con su hijo menor de edad, algunos de los procesados la obligaron a subir a un vehículo con su hijo, trasladándolos a un domicilio en el que golpearon a la denunciante y le exigieron la devolución de la droga o la entrega de dinero.

3. Después de haber encerrado en el piso a la víctima y su hijo, los acusados exigieron telefónicamente a la familia de esta el reintegro de un kilo de cocaína o el abono de seis millones de pesetas. La familia de la víctima logró reunir 1.700.000 pesetas, y quedó con parte de los acusados para entregar el dinero, lo que fue aprovechado por la policía para proceder a la detención de los procesados.

Contra la sentencia de la audiencia, centrándonos únicamente en los motivos que nos interesa con relación al concurso, se presentó recurso por el Ministerio Fiscal por infracción por inaplicación del artículo 73 del Código Penal y por aplicación indebida del artículo 77 del Código Penal, en ambos casos en relación con este último artículo del Código Penal.

**A TENER EN CUENTA.** El art. 77 del CP fue modificado por la Ley Orgánica 1/2015, de 30 de marzo, en vigor desde el 30 de marzo de 2015.

## || Fundamentos de derecho

Ante el recurso del Ministerio Fiscal que consideraba que, en vez de dos delitos de detención ilegal en concurso ideal, debió de haberse considerado que se trataba de un concurso real y aplicar por tanto el art. 73 del CP, la Sala estudia la cuestión centrándose en analizar cuando nos encontramos ante un solo hecho, haciendo mención de la opinión emitida por distintos sectores doctrinales, de la siguiente manera:

> «(...) Un sector de la doctrina ha acudido al criterio de la concepción natural de la vida, de manera que la unidad vendrá determinada en atención al punto de vista de la sociedad, según los parámetros normales. Otro sector doctrinal acude al auxilio de un criterio jurídico, de forma que la unidad de hecho vendrá determinada por la descripción típica, que constituye el marco configurador del hecho en atención a su relevancia para el derecho. En esta línea se cuestiona si ha de atenderse a la conducta típica o también ha de tenerse en cuenta el resultado. Algún autor ha puesto de relieve que los tipos describen conductas en los delitos de mera actividad, pero incorporan el resultado material al hecho en los delitos de resultado. Se distingue así de alguna forma entre acción y hecho. Para otros autores, el hecho debe conceptuarse como la actuación o manifestación de la

voluntad en el exterior, susceptible de integrar el presupuesto de un tipo penal, sin que afecte a la existencia de un solo hecho el que pueda integrar más de un tipo penal».

Concluye el Tribunal Supremo:

«(...) Si la unidad de acción viene determinada, en último término, por el acto de voluntad y no por los resultados, habrá que determinar en cada caso cuál es el contenido del acto de voluntad del sujeto, pues si este pretende alcanzar con su acción la totalidad de los resultados producidos —es decir, si el mismo actúa con "dolo directo"— y dichos resultados constituyen la lesión de otros tantos bienes jurídicos protegidos, habrá que concluir que en tal supuesto, tanto desde el punto de la antijuridicidad como desde el punto de vista de la culpabilidad, estaremos en presencia de "varios hechos" punibles en concurso real. Así, tratándose de la causación de la muerte de varias personas, directamente buscada por el homicida, su conducta deberá considerarse constitutiva de otros tantos delitos de homicidio, con independencia de que para lograrlo haya optado por efectuar varios disparos con un arma de fuego o haya hecho explotar una bomba. Por el contrario, cuando la voluntad del sujeto afecte directa y fundamentalmente a la acción, mas no al resultado —previsto pero no directamente perseguido—, es decir, cuando se actúa con "dolo eventual" (...) estaremos en presencia de un verdadero concurso ideal. En tal caso, existirá unidad de acción y diversidad de resultados penalmente típicos que deberán castigarse conforme a las reglas de dicho concurso».

En el supuesto analizado, los acusados llevaron a cabo el secuestro de dos personas en un único curso causal, privando de libertad a la víctima y a su hijo, por lo cual, **aun tratándose de una sola acción, la Sala considera que existen dos hechos, y que los mismos deberán ser sancionados como un concurso real.**

## || Resolución

Únicamente en relación con el recurso planteado por el Ministerio Fiscal, se declara haber lugar al recurso, y se dicta sentencia condenando a los procesados como autores de dos delitos de secuestro ya definidos, en concurso real, manteniendo el resto de los pronunciamientos de la sentencia.

**A TENER EN CUENTA.** A partir del Pleno no jurisdiccional de la sala segunda del Tribunal Supremo de 20 de enero de 2015, **cambia el tratamiento del dolo eventual cuando se produce una pluralidad de resultados, pasando de considerarse un concurso ideal a considerarse un concurso real.** El acuerdo lo establece de la siguiente manera: «Los ataques contra la vida de varias personas, ejecutados con dolo directo o eventual, se haya o no producido el resultado, realizados a partir de una única acción, han de ser tratados a efectos de penalidad conforme a las reglas previstas para el concurso real (arts. 73 y 76 del CP), salvo la existencia de regla penológica especial (v. gr. 382 del CP)».

## 3.2. La punición del concurso real

La punición del concurso real viene regulada en el artículo 73 del Código Penal, que establece que:

> «Al responsable de dos o más delitos o faltas se le impondrán todas las penas correspondientes a las diversas infracciones para su cumplimiento simultáneo, si fuera posible, por la naturaleza y efectos de las mismas».

Es decir, cuando sea posible, en atención a la naturaleza y efectos de las mismas, **todas las penas impuestas por las distintas infracciones se cumplirán de manera simultánea.**

La idea principal es que, al existir en el concurso real una pluralidad de acciones que ofenden a diferentes bienes jurídicos, también existirán una pluralidad de delitos y una pluralidad de penas que se cumplirán de manera simultánea, siempre y cuando esto sea posible. Por ejemplo, una pena de prisión y una pena de multa podrían cumplirse simultáneamente.

Cuando no sea posible el cumplimiento simultáneo, el artículo 75 del Código Penal establece el cumplimiento sucesivo por orden de gravedad.

Dentro de la acumulación de penas que se da en el concurso real, podemos distinguir entre una acumulación material y una acumulación jurídica.

### 3.2.1. Acumulación material, aritmética o matemática de las penas

La acumulación material, aritmética o matemática de las penas se regula en los **artículos 73 y 75 del Código Penal.**

El citado artículo 73 establece que cuando la naturaleza y efectos de las penas lo permitan, las mismas se cumplirán de manera simultánea, lo que se completa con el artículo 75 del Código Penal que dispone:

> «Cuando todas o algunas de las penas correspondientes a las diversas infracciones no puedan ser cumplidas simultáneamente por el condenado, se seguirá el orden de su respectiva gravedad para su cumplimiento sucesivo, en cuanto sea posible».

Este último artículo está pensado, por ejemplo, para cuando se imponen varias penas de la misma naturaleza, **como podrían ser varias penas de prisión, que no pueden ser cumplidas simultáneamente, sino que su cumplimiento debe hacerse de manera sucesiva,** de mayor a menor gravedad, ese decir, **empezando siempre por la más grave.**

**CUESTIÓN**

**¿Cómo sabemos que pena se considera la más grave?**

Para saber qué pena se considera la más grave tenemos que acudir al **artículo 33 del Código Penal** que establece una clasificación de las penas en graves, menos graves y leves, atendiendo a su naturaleza y a su duración.

### 3.2.2. Acumulación jurídica de las penas

Cuando hablamos de acumulación jurídica nos referimos a los límites cuantitativos que establece la ley a la acumulación material de las penas. Se trata de corregir un exceso punitivo que pudiera derivarse de la aplicación aritmética de los artículos 73 y 75 del Código Penal.

Conviene diferenciar entre la condena nominal y la real que no tiene por qué coincidir, ya que el legislador ha establecido unos límites al cumplimiento de las penas que no pueden cumplirse de manera simultánea. **Cuando nos encontramos ante una acumulación jurídica de penas, se impone una sanción más dura que la que se corresponde con el delito más grave, pero con dos límites:**

1. El triple de la mayor.
2. El límite absoluto que establece la duración máxima de cumplimiento de las penas.

Estos **límites** están regulados en el artículo 76 del Código Penal que fija que:

> «1. No obstante lo dispuesto en el artículo anterior, el máximo de cumplimiento efectivo de la condena del culpable no podrá exceder del triple del tiempo por el que se le imponga la más grave de las penas en que haya incurrido, declarando extinguidas las que procedan desde que las ya impuestas cubran dicho máximo, que no podrá exceder de 20 años. Excepcionalmente, este límite máximo será:
>
> a) De 25 años, cuando el sujeto haya sido condenado por dos o más delitos y alguno de ellos esté castigado por la ley con pena de prisión de hasta 20 años.
>
> b) De 30 años, cuando el sujeto haya sido condenado por dos o más delitos y alguno de ellos esté castigado por la ley con pena de prisión superior a 20 años.
>
> c) De 40 años, cuando el sujeto haya sido condenado por dos o más delitos y, al menos, dos de ellos estén castigados por la ley con pena de prisión superior a 20 años.
>
> d) De 40 años, cuando el sujeto haya sido condenado por dos o más delitos referentes a organizaciones y grupos terroristas y delitos de terrorismo de la sección segunda del Capítulo VII del Título XXII del Libro II de este Código y alguno de ellos esté castigado por la ley con pena de prisión superior a 20 años.
>
> e) Cuando el sujeto haya sido condenado por dos o más delitos y, al menos, uno de ellos esté castigado por la ley con pena de prisión permanente revisable, se estará a lo dispuesto en los artículos 92 y 78 bis.
>
> 2. La limitación se aplicará aunque las penas se hayan impuesto en distintos procesos cuando lo hayan sido por hechos cometidos antes de la fecha en que fueron enjuiciados los que, siendo objeto de acumulación, lo hubieran sido en primer lugar».

El **triple de la mayor** es un límite relativo, **pensado para beneficiar al reo si ha cometido diversos delitos, que permite acumular las penas y que la duración de las mismas no exceda del triple del tiempo que se impuso por**

**la más grave**. El **Acuerdo del pleno del Tribunal Supremo de 3 de febrero de 2016** fija el cómo se puede realizar la acumulación y qué penas pueden incluirse, de la siguiente manera:

> «La acumulación de penas deberá realizarse partiendo de la sentencia más antigua, pues al contenerse en ella los hechos enjuiciados en primer lugar, servirá de referencia respecto de los demás hechos enjuiciados en las otras sentencias. A esa condena se acumularán todas las posteriores relativas a hechos cometidos antes de esa primera sentencia».

En dicho acuerdo también se establece:

> «Las condenas cuya acumulación proceda respecto de esta sentencia más antigua, ya no podrán ser objeto de posteriores operaciones de acumulación en relación con las demás sentencias restantes. Sin embargo, si la acumulación no es viable, nada impediría su reconsideración respecto de cualquiera de las sentencias posteriores, acordando su acumulación si entre sí son susceptibles de ello.
>
> A efectos del artículo 76.2 CP hay que estar a la fecha de la sentencia en la instancia y no la de juicio».

Es decir, si tenemos un condenado por 20 robos, en 20 procedimientos distintos y queremos proceder a acumular sus condenas, lo primero sería comprobar la fecha de la 1.ª sentencia (por ejemplo 1 de enero de 2021), y podrían acumularse a esa condena todas aquellas que se correspondan con delitos cometidos antes de esa primera sentencia (1 de enero de 2021). No se exige conexión material (podrían acumularse condenas por robo con condenas por estafas o con homicidios), pero sí se exige una conexión temporal que viene marcada por la fecha de la primera sentencia (que no tiene que ser firme).

Hay que tener en cuenta que en aquellos casos en los que no proceda la acumulación de condenas no se aplicaría el límite de cumplimiento del triple de la mayor, y así lo recoge la **sentencia del Tribunal Supremo n.º 397/2024, de 14 de mayo, ECLI:ES:TS:2024:2567**, en la que recuerda que: *«(...) La doctrina de esta Sala es que "las personas condenadas a penas que no son susceptibles de ser limitadas en virtud del artículo 76.2 del Código Penal, por no cumplir el criterio cronológico legalmente fijado, deban permanecer en prisión, aunque se hayan superado los límites previstos en el artículo 76.1 CP. En otras palabras, no cabe aplicar el límite de cumplimiento del triplo de la pena máxima en aquellos supuestos en que las distintas condenas no son acumulables»*.

**CUESTIONES**

**1. ¿Podrían acumularse las condenas a penas de multa?**

Las penas de multa no son acumulables ya que su cumplimiento puede ser simultáneo. Pero cuando la pena de multa sea sustituida por la responsabilidad personal subsidiaria por impago y su cumplimiento deba llevarse a cabo en prisión, esta pena sí que podrá ser acumulada. Así, la **sentencia del Tribunal Supremo n.º 688/2013, de 31 de julio, ECLI:ES:TS:2013:4454** recoge que «(...) la responsabilidad personal subsidiaria está sujeta a condena expresa ante el impago de la multa impuesta, bien de forma voluntaria, bien por vía de apremio. Con esa premisa, deben ser excluidas de toda acumulación aquellas ejecutorias que conlleven únicamente pena de multa no transformada en privación de libertad, dado que tal pena es susceptible de ser cumplida de forma simultánea con la privativa de libertad (art. 75), y su impago puede ser sustituido también por otras penas no privativas de libertad, tales como trabajos en beneficio de la comunidad o localización permanente (art. 53.1 CP)».

**2. A la hora de calcular el triple de la mayor, para saber cuál es la pena más grave, ¿si en una sentencia se imponen varias penas, se tiene en cuenta la suma de todas las penas impuestas en la sentencia o se consideran las penas individualmente?**

Aunque en una sentencia se impongan varias penas, estas deben de ser consideradas individualmente y no en su suma. En este sentido podemos citar, por ejemplo, la **sentencia del Tribunal Supremo n.° 89/2015, de 13 de febrero, ECLI:ES:TS:2015:473**: «(...) en el Auto recurrido se han sumado dos penas impuestas, por dos delitos distintos, en la misma sentencia para determinar esa pena más grave, es decir, se ha partido no de la pena individualmente impuesta sino de la suma de varias impuestas en la misma causa, lo que no es correcto ya que deben tenerse en cuenta, para la determinación del triple del tiempo de la más grave, cada una de las penas individualmente impuestas en las sentencias, aunque en una sola sentencia se hubieran impuesto varias penas».

Por otra parte, el Código Penal también establece un **límite absoluto al cumplimiento sucesivo de las penas**, que no podrá superar los 20 años, salvo que alguno de los delitos esté penado con pena de prisión de hasta 20 años, en cuyo caso podemos encontrarnos con los siguientes límites:

- Si alguno de los delitos está penado con pena de prisión de hasta 20 años, el límite máximo se amplía hasta los 25 años.
- Cuando alguno de los delitos está castigado con penas superiores a 20 años, el límite máximo será de 30 años.
- Cuando entre las penas acumuladas existan dos o más por delitos que estén castigados por la ley con pena de prisión superior a 20 años, el límite máximo será de 40 años.
- También se limita a 40 años la acumulación, cuando el sujeto haya sido condenado por dos o más delitos relativos a organizaciones y grupos terroristas, así como delitos de terrorismo de los regulados en el capítulo VII del título XXII del libro II del CP y alguno de ellos esté castigado con una pena de prisión superior a 20 años.

Para aplicar estos límites hay que tener en cuenta que, el **Acuerdo del pleno de la sala segunda del Tribunal Supremo de 19 de diciembre de 2012,** estableció que: *«(...) para determinar los límites máximos de cumplimiento establecidos en las letras a) a d) del art. 76 del código penal hay que atender a la pena máxima imponible pero teniendo en cuenta las degradaciones obligatorias en virtud del grado de ejecución del delito».*

También es importante la **sentencia del Tribunal Supremo n.° 505/2015, de 20 de julio, ECLI:ES:TS:2015:3523,** que ha establecido que, a efectos de calcular el límite máximo para la acumulación de penas, cuando se haya establecido la procedencia de una rebaja de la pena un grado —en el caso enjuiciado hablamos de que el tribunal aplicó el **art. 351 del CP** que faculta al juez o tribunal a imponer la pena inferior en grado atendiendo a la menor entidad del peligro causado y las demás circunstancias del hecho— no podría revisarse vía ejecución, y por tanto el marco penológico sería el que marca el segundo inciso del primer párrafo del artículo 351 del CP, que iría de los 5 años hasta los 10 años menos un día de prisión.

**CUESTIÓN**

**¿Cabe la acumulación de delitos realizados después de la sentencia que sirve de base?**

No cabe la acumulación cuando el último hecho se lleve a cabo después de que para otro hubiera ya recaído sentencia firme; pues otra cosa supondría que, una vez alcanzados los límites del **art. 76.1 del CP**, los delitos posteriores quedarían impunes; patente de impunidad contraria a cualquier función de la pena **(STS, n.º 926/2005, de 30 de junio, ECLI:ES:TS:2005:4387)**.

## 3.2.3. Análisis de la «doctrina Parot»

La conocida como «doctrina Parot» hace alusión a la jurisprudencia del Tribunal Supremo según la cual los beneficios penitenciarios tendrían en cuenta la pena total y no el máximo de cumplimiento fijado en el Código Penal.

Esta doctrina surge a raíz de la solicitud de un condenado a que se acumulen todas sus penas, y a que los beneficios penitenciarios se apliquen sobre el total, y no sobre las penas individuales.

La **sentencia del Tribunal Supremo n.º 197/2006, de 28 de febrero, ECLI:ES:TS:2006:753** fijó la citada «doctrina Parot», que consiste en que:

> «(...) la **forma de cumplimiento de la condena total** será de la manera siguiente: **se principiará por el orden de la respectiva gravedad de las penas impuestas**, aplicándose los **beneficios y redenciones que procedan con respecto a cada una de las penas que se encuentre cumpliendo. Una vez extinguida la primera**, se dará **comienzo** al cumplimiento **de la siguiente, y así sucesivamente, hasta** que se alcanzan las **limitaciones** dispuestas en la **regla segunda del art. 70 del Código penal de 1973**. Llegados a este estadio, se producirá la **extinción de todas las penas comprendidas en la condena total resultante**».

A modo de **ejemplo,** para facilitar su comprensión, la Sala propone la siguiente hipótesis:

> «(...) un condenado a 3 penas, 1 de 30 años, otra de 15 años y otra de 10 años. La regla 2.ª del art. 70 del Código penal de 1973, que sería el aplicable en el ejemplo, determina que el tope de cumplimiento efectivo es el límite que represente o bien el triplo de la más grave, o el máximum de treinta años. En el ejemplo, sería el máximo de 30 años de cumplimiento efectivo. El cumplimiento sucesivo de las penas (de la condena total) comienza con la primera, que es la pena más grave (la de 30 años de prisión). Si hubiera redimido (por los conceptos que sean), 10 años, tendría cumplida la pena a los 20 años de estancia en prisión, declarándosele extinguida; a continuación, pasaría a cumplir la siguiente pena por el orden de su respectiva gravedad (esto es, la de 15 años), si de esta redime 5 años, la tendría cumplida en 10 años. 20+10=30. Ya no podría cumplir más penas,

dejando de extinguir las que procedan, como literalmente dice el Código penal aplicado, desde que las ya impuestas cubrieren el máximum de tiempo predicho que no podrá exceder de treinta años».

Es necesario recordar que el derogado Código Penal de 1973 en su artículo 100, recogía la posibilidad de redimir la pena de prisión por el trabajo, abonándose al recluso trabajador, para el cumplimiento de la pena, un día por cada dos de trabajo (contando el tiempo así redimido para la concesión de la libertad condicional).

Sin embargo, el Tribunal Europeo de Derechos Humanos, sentencia de 21 de octubre de 2013. Caso del Río Prada c. España, declara que España había vulnerado el **artículo 7 del Convenio de Roma**.

**A TENER EN CUENTA.** El **Acuerdo del pleno no jurisdiccional de la sala 2.ª del Tribunal Supremo de 12 de noviembre de 2013** recoge que:

> «Tras la sentencia del Tribunal Europeo de Derechos humanos (TEDH) de 21 de octubre de 2013, Caso Del Río Prada c. España, y en relación con las condenas que se estén ejecutando con arreglo al Código Penal derogado de 1973, se acuerda lo siguiente:
>
> 1. En los casos de sentencias condenatorias en ejecución, dictadas con anterioridad al día 28 de febrero de 2006, en las que se aplique el Código Penal derogado de 1973, por no resultar más favorable el Código Penal de 1995, las redenciones ordinarias y extraordinarias que procedan se harán efectivas sobre el límite máximo de cumplimiento establecido conforme al artículo 70 del referido Código de 1973, en la forma en que se venía haciendo con anterioridad a la sentencia de esta sala n.º 197/2006, de 28 de febrero.
>
> 2. Las resoluciones relativas a las acumulaciones y liquidaciones de condena que resulten procedentes con arreglo al punto anterior, se acordarán en cada caso por el tribunal sentenciador, oyendo a las partes, siendo susceptibles de recurso de casación ante esta sala».

El **artículo 78 del Código Penal** actual establece:

> «1. Si a consecuencia de las limitaciones establecidas en el apartado 1 del artículo 76 la pena a cumplir resultase inferior a la mitad de la suma total de las impuestas, el juez o tribunal sentenciador podrá acordar que los beneficios penitenciarios, los permisos de salida, la clasificación en tercer grado y el cómputo de tiempo para la libertad condicional se refieran a la totalidad de las penas impuestas en las sentencias.
>
> 2. En estos casos, el juez de vigilancia, previo pronóstico individualizado y favorable de reinserción social y valorando, en su caso, las circunstancias personales del reo y la evolución del tratamiento reeducador, podrá acordar razonadamente, oídos el Ministerio Fiscal, Instituciones Penitenciarias y las demás partes, la aplicación del régimen general de cumplimiento.
>
> Si se tratase de delitos referentes a organizaciones y grupos terroristas y delitos de terrorismo del Capítulo VII del Título XXII del Libro II de este Código, o cometidos en el seno de organizaciones criminales, y atendiendo a la suma total de las penas impuestas, la anterior posibilidad solo será aplicable:
>
> a) Al tercer grado penitenciario, cuando quede por cumplir una quinta parte del límite máximo de cumplimiento de la condena.
>
> b) A la libertad condicional, cuando quede por cumplir una octava parte del límite máximo de cumplimiento de la condena».

Es decir, si no se trata de **penas de especial gravedad**, como por ejemplo delitos de terrorismo, entre otros, cuando la pena a cumplir, después de aplicar los límites del artículo 76 del CP, resulte inferior a la mitad de la suma de todas las penas impuestas, el juez o tribunal podrá acordar que los beneficios penitenciarios, los permisos de salida, la clasificación en tercer grado y el cómputo de tiempo para la libertad condicional, se refieran a la totalidad de las penas impuestas, mientras que, si nos encontramos ante penas especialmente graves, el cómputo referido a la totalidad de las penas impuestas, es obligatorio con excepciones.

## 3.2.4. La prisión permanente revisable en el Código Penal

La prisión permanente revisable está prevista para penar delitos de especial gravedad, pudiendo citar como ejemplo: asesinatos de extrema gravedad, muerte del Rey, Reina o Princesa de Asturias, el genocidio, delitos de lesa humanidad...

**CUESTIÓN**

**¿Se ha pronunciado el Tribunal Constitucional sobre la inconstitucionalidad o no de la prisión permanente revisable?**

El Tribunal Constitucional ha **avalado la constitucionalidad de la prisión permanente revisable**, exigiendo una interpretación conforme a la Constitución en el sentido de que la revocación de la libertad condicional solo estará justificada cuando se incurra en un nuevo delito o se infrinjan las prohibiciones y reglas de conducta establecidas en el auto de libertad condicional, y también que dicha revocación no puede considerarse como un impedimento definitivo para que el penado pueda obtener en un futuro una nueva revisión de la pena **(sentencia del Tribunal Constitucional, n.° 169/2021, de 6 de octubre, ECLI:ES:TC:2021:169)**.

Esta condena podrá ser revisada conforme a los 3 requisitos que se fijan en el **artículo 92 del Código Penal**:

1. Haber cumplido 25 años de la condena.
2. Haber obtenido la clasificación en tercer grado.
3. Que a juicio del tribunal exista un pronóstico de reinserción social favorable.

Con relación al concurso real de delitos, cuando uno de ellos esté condenado con prisión permanente revisable, habrá que atender a lo establecido en el **artículo 78 bis del Código Penal**. En el citado artículo se establece que, para la **progresión a tercer grado**, cuando el penado haya sido condenado por dos o más delitos y uno de ellos fuera el de prisión permanente revisable, se van a requerir los siguientes periodos mínimos de cumplimiento:

> «a) de un mínimo de dieciocho años de prisión, cuando el penado lo haya sido por varios delitos, uno de ellos esté castigado con pena de prisión permanente revisable y el resto de las penas impuestas sumen un total que exceda de cinco años.

> b) de un mínimo de veinte años de prisión, cuando el penado lo haya sido por varios delitos, uno de ellos esté castigado con una pena de prisión permanente revisable y el resto de las penas impuestas sumen un total que exceda de quince años.
>
> c) de un mínimo de veintidós años de prisión, cuando el penado lo haya sido por varios delitos y dos o más de ellos estén castigados con una pena de prisión permanente revisable, o bien uno de ellos esté castigado con una pena de prisión permanente revisable y el resto de penas impuestas sumen un total de veinticinco años o más».

Si lo que se busca es la **suspensión de la ejecución del resto de la pena**, se exige que el penado haya cumplido:

- Un mínimo de 25 años de prisión, cuando el resto de las penas impuestas sumen un total que exceda de 5 o 15 años (apartados a) y b) anteriores).
- Un mínimo de 30 años de prisión, cuando estemos ante dos o más delitos castigados con una pena de prisión permanente revisable, o bien uno castigado con prisión permanente revisable, y el resto sumen un mínimo de 25 años.

Estos dos últimos mínimos exigidos, se aumentan a 28 y 35 años respectivamente, cuando se trate de delitos referentes a organizaciones y grupos terroristas y delitos de terrorismo del capítulo VII del título XXII del libro II de este Código, o cometidos en el seno de organizaciones criminales.

Cuando se trate de estos delitos, el acceso al tercer grado tendrá unos límites mínimos de 24 años, para los supuestos de las letras a) y b), y de 32 años, para el supuesto de la letra c).

## 3.2.5. La refundición de penas

La refundición de penas, o lo que es lo mismo, la acumulación de ejecuciones penales puede iniciarse de oficio, a instancia del Ministerio Fiscal o por petición del propio condenado cuando estemos ante penas que, conforme a los criterios establecidos de **acumulación material y acumulación jurídica**, puedan acumularse, siempre y cuando esta refundición beneficie al reo.

En cuanto a las condenas que pueden ser objeto de refundición, es importante el cambio que se ha producido desde un criterio de conexidad procesal a un criterio temporal. Así se recoge en el artículo 76 del CP, apartado 2, que, asumiendo la tendencia seguida por el Tribunal Supremo, dispone que:

> «La limitación se aplicará aunque las penas se hayan impuesto en distintos procesos cuando lo hayan sido por hechos cometidos antes de la fecha en que fueron enjuiciados los que, siendo objeto de acumulación, lo hubieran sido en primer lugar».

**CUESTIÓN**

**¿Qué condenas deben excluirse de la acumulación o refundición?**

Nuestro Alto Tribunal ha señalado en distintas ocasiones, véase por ejemplo la **STS n.° 358/2024, de 8 de mayo, ECLI:ES:TS:2024:2549**, que de la acumulación deben excluirse:

- Los hechos que ya estuviesen sentenciados cuando se inicia el periodo de acumulación contemplado.
- Los hechos posteriores a la sentencia que determina la acumulación.

La **refundición empieza por la sentencia más antigua**, acumulándose los delitos cometidos antes de la fecha de dicha sentencia, pero no los posteriores. Con relación a esto es importante el **Acuerdo del Pleno no jurisdiccional de la Sala Segunda del Tribunal Supremo de 3 de febrero de 2016**, en el que se establece que, para llevar a cabo la acumulación de penas, se parte de la sentencia más antigua y a esa se acumularán las posteriores relativas a hechos cometidos antes de esa primera sentencia. Las condenas que se acumulen no podrán ser objeto de nuevas acumulaciones, pero en el caso de que su acumulación no sea posible, sí podrían incluirse en posteriores acumulaciones cuando sean susceptibles de ello.

También se especifica en dicho acuerdo que **la fecha a tener en cuenta es la de la sentencia de la instancia, y no la del juicio**. Es importante recordar que ya anteriormente, en un **Acuerdo del pleno no jurisdiccional de la Sala Segunda del Tribunal Supremo de 29 de noviembre de 2005**, se había establecido que no era necesario que la sentencia fuese firme.

**RESOLUCIÓN RELEVANTE**

**Sentencia del Tribunal Supremo n.° 397/2024, de 14 de mayo, ECLI:ES:TS:2024:2567**

**Asunto: Procedencia de la acumulación de condenas con conexión temporal**

*«La acumulación de condenas conforme a lo dispuesto en el artículo 988 de la LECrim tiende a hacer efectivas las previsiones del Código Penal en lo referente a los tiempos máximos de cumplimiento efectivo en los supuestos de condenas diferentes por varios delitos, según los límites que vienen establecidos en el artículo 76 de dicho Código, que consisten, de un lado, en el triple del tiempo por el que se le imponga la más grave de las penas en que haya incurrido y, de otro lado, además, en veinte, veinticinco, treinta o cuarenta años, según los casos.*

*La doctrina de esta Sala ha establecido que* ***para que proceda la acumulación de condenas sólo se requiere que entre los hechos exista una determinada conexión cronológica****, la cual se apreciará siempre que los delitos sancionados hubieran podido ser enjuiciados en un solo proceso, teniendo en cuenta las fechas de las sentencias dictadas y las de comisión de los hechos enjuiciados en las mismas, de manera que no se transforme en una exclusión de la punibilidad abierta para todo delito posterior. En consecuencia,* ***se debe excluir la acumulación cuando los hechos de la sentencia que se pretende incluir en la acumulación ocurrieron con posterioridad al dictado de las anteriores*** *(SSTS 15-4 y 23-5-1994, 20-2-1995, 15- 7-1996 y 11-1-1997), señalando la Sentencia de 30 de mayo de 1997 que en la refundición únicamente se deben excluir aquellas condenas cuyos hechos ocurrieron con posterioridad a la firmeza de las sentencias anteriores, ya que ello impide que pudiera seguirse en una misma causa (STS 26 de mayo de 1998).*

*En otras palabras, los únicos supuestos excluidos de la acumulación son los hechos que ya estuviesen sentenciados cuando se inicia el período de acumulación contemplado, y los cometidos con posterioridad a tal sentencia, pues cuando ya se ha dictado una sentencia condenatoria, es claro que los hechos delictivos cometidos con posterioridad a la misma no pudieron ser objeto del proceso anterior en el que aquella recayó, por lo que resulta imposible la acumulación».*

El Tribunal Constitucional ha reiterado en numerosas sentencias que, cuando beneficie al penado, puede tomarse como referencia, no la sentencia más antigua sino una posterior, teniendo en cuenta que la ejecutoria de la sentencia más antigua no se incluye en la acumulación por estar sentenciados los hechos con anterioridad (**sentencia del Tribunal Supremo n.º 494/2017, de 29 de junio, ECLI:ES:TS:2017:2648**).

Destaca también el **Acuerdo del pleno no jurisdiccional de la Sala Segunda del Tribunal Supremo de fecha 27 de junio de 2018**, ya que fija distintos **criterios** para tener en cuenta cuando se trate de **acumular condenas.**

«1. Las resoluciones sobre acumulación de condena solo serán revisables en caso de una nueva condena (o anterior no tenida en cuenta).

2. La nulidad como solución al recurso casacional, debe evitarse cuando sea dable conocer la solución adecuada, sin generar indefensión.

3. Cuando la sentencia inicial es absolutoria y la condena se produce ex novo en apelación o casación entonces, solo entonces, esta segunda fecha será la relevante a efectos de acumulación.

4. En la conciliación de la interpretación favorable del art. 76.2 con el art. 76.1 C.P., cabe elegir la sentencia inicial, base de la acumulación, también la última, siempre que todo el bloque cumpla el requisito cronológico exigido; pero no es dable excluir una condena intermedia del bloque que cumpla el requisito cronológico elegido.

5. Las condenas con la suspensión de la ejecución reconocida, deben incluirse en la acumulación si ello favoreciere al condenado y se considerarán las menos graves, para el sucesivo cumplimiento, de modo que resultarán extinguidas cuando se alcance el periodo máximo de cumplimiento.

Favorece al condenado, cuando la conclusión es que se extinguen, sin necesidad de estar sometidas al periodo de prueba.

6. No cabe incluir en la acumulación, el periodo de prisión sustituido por expulsión; salvo si la expulsión se frustra y se inicia o continúa a la ejecución de la pena de prisión inicial, que dará lugar a una nueva liquidación.

7. La pena de multa solo se acumula una vez que ha sido transformada en responsabilidad personal subsidiaria. Ello no obsta a la acumulación condicionada cuando sea evidente el impago de la multa.

8. La pena de localización permanente, como pena privativa de libertad que es, es susceptible de acumulación con cualquier otra pena de esta naturaleza.

9. A efectos de acumulación los meses son de 30 días y los años de 365 días.

10. La competencia para el incidente de acumulación, la otorga la norma al juez o tribunal que hubiera dictado la última sentencia; sin excepción alguna, por tanto, aunque fuere juez de instrucción (salvo en el caso del art. 801 LECr), aunque la pena que se imponga no sea susceptible de acumulación e incluso cuando no fuere privativa de libertad.

11. Contra los autos que resuelven los incidentes de acumulación, solo cabe recurso de casación».

Será **juez competente** para llevar a cabo el **incidente de acumulación** el que **dictó la última sentencia firme de todas aquellas que se pretenden acumular**, tal y como se extrae del párrafo tercero del artículo 988 de la LECrim, que recoge:

> «Cuando el culpable de varias infracciones penales haya sido condenado en distintos procesos por hechos que pudieron ser objeto de uno solo, conforme a lo previsto en el artículo 17 de esta ley, el juez o tribunal que hubiera dictado la última sentencia, de oficio, a instancia del Ministerio Fiscal o del condenado, procederá a fijar el límite del cumplimiento de las penas impuestas conforme a lo dispuesto en el artículo 76 del Código Penal».

**A TENER EN CUENTA.** Véase el punto 10 del Acuerdo del pleno no jurisdiccional de la Sala Segunda del Tribunal Supremo de fecha 27 de junio de 2018, que aclara que la competencia será del juez o tribunal que hubiese dictado la última sentencia, aunque se trate de un juez de instrucción, y aunque la pena no sea susceptible de acumulación, e incluso si se trata de una pena que no implica privación de libertad.

**CUESTIONES**

**1. ¿Cuál es el procedimiento establecido para llevar a cabo la acumulación de las penas?**

El **art. 988 de la LECrim** establece que, para fijar el límite del cumplimiento de las penas, el letrado de la Administración de Justicia reclamará la hoja histórico-penal del Registro central de penados y rebeldes y testimonio de las sentencias condenatorias y, previo dictamen del Ministerio Fiscal, cuando no sea el solicitante, el juez o tribunal dictará auto en el que se relacionarán todas las penas impuestas al reo, determinando el máximo de cumplimiento de las mismas. Contra tal auto podrán, el Ministerio Fiscal y el condenado, interponer recurso de casación por infracción de ley. Es preceptiva la designación de abogado y procurador.

**2. ¿Qué elementos debe especificar el auto de acumulación de las penas con relación a las penas acumuladas?**

El Tribunal Supremo dispone que para poder realizar una correcta acumulación de penas deben de constar fehacientemente: la fecha de las sentencias de los delitos por los que se condena, fecha de la comisión de los mismos, y la pena impuesta como datos elementales para establecer la relación de conexidad temporal entre los distintos delitos y poder delimitar el límite máximo de cumplimiento que proceda **(STS n.° 367/2016, de 28 de abril, ECLI:ES:TS:2016:2120)**.

**3. ¿Producen efecto de cosa juzgada los autos de acumulación de penas?**

No. Según reiterada jurisprudencia del Tribunal Supremo, los autos de acumulación no producen efecto de cosa juzgada, lo que conlleva que, si se conocen nuevas condenas que puedan ser susceptibles de acumulación, pueda realizarse un nuevo examen siempre que ello sea, en su conjunto, beneficioso para el reo. En estos casos habrá de dictarse un nuevo auto para hacer un cómputo que abarque la totalidad de las condenas. Es importante tener en cuenta que, cuando se revisa una acumulación anterior, la revisión no se limita a las penas efectivamente acumuladas, sino a todas las que fueron objeto de examen en el auto, ya que podrían ser acumulables con la nueva sentencia, aunque en su momento se considerara improcedente su acumulación. Vid. por ejemplo la **sentencia del Tribunal Supremo, n.° 288/2021, de 7 de abril, ECLI:ES:TS:2021:1316.**

Un **supuesto práctico** para entender el **mecanismo de la refundición** lo encontramos por ejemplo en la **sentencia del Tribunal Supremo n.° 650/2017, de 3 de octubre, ECLI:ES:TS:2017:3495**, que lleva a cabo la siguiente refundición por ser la más beneficiaria al reo. En el caso analizado el condenado tenía las siguientes condenas:

| Número identificativo | Fecha sentencia | Fecha comisión de los hechos | Pena impuesta | N.° de ejecutoria |
|---|---|---|---|---|
| 1 | 23/12/2005 | 30/01/1998 | 21 meses de prisión | 44/2006 |
| 2 | 15/05/2006 | 10/09/2003 | 28 meses y 41 días de prisión | 31/2007 |
| 3 | 18/01/2008 | 10/07/2006 | 10 meses de prisión | 340/2008 |
| 4 | 21/01/2009 | 22/03/2004 | 24 meses de prisión | 06/2010 |
| 5 | 31/03/2009 | 07/06/2006 | 1 año y 12 meses de prisión | 12/2009 |
| 6 | 04/11/2011 | 26/02/2001 | 1 año, 13 meses y 16 días de prisión | 29/2012 |
| 7 | 20/12/2011 | 05/05/2006 | 1 año y 9 meses de prisión | 09/2012 |
| 8 | 07/03/2012 | Noviembre 2008 y 2009 | 10 meses y 82 días de prisión | 171/2012 |
| 9 | 20/01/2016 | 17/09/2009 | 6 meses de prisión | 56/2016 |
| 10 | 03/03/2016 | Abril de 2008 | 3 años, 8 meses y 135 días de prisión | 40/2016 |

La audiencia provincial, en el auto impugnado, parte de tres bloques:

El primero, formado por las ejecutorias n.° 1, 2, 4 y 6. En este caso la acumulación le es favorable al ser la suma aritmética de las condenas superior (1 año, 86 meses y 57 días, o, lo que es igual 8 años, 2 meses y 57 días) al triple de las más grave (28 meses y 41 días x 3= 84 meses y 123 días, o, lo que es igual a 7 años, 4 meses y 3 días).

Los otros dos bloques están formados, uno, por las ejecutorias n.° 3, 5 y 7 y, el otro, por las ejecutorias n.° 8, 9, 10, pero ninguna de las dos le es más favorable al recurrente por ser la suma aritmética inferior al triple de la más grave, ya que en el segundo bloque el total de las condenas supone un tiempo de cumplimiento de 2 años y 31 meses o, lo que es lo mismo, 4 años y 7 meses, y el triple de las más grave (1 año y 12 meses) es de 3 años y 36 meses o, lo que es igual a 6 años en total. En el tercer bloque también el cumplimiento separado de cada una de las condenas es inferior (3 años, 24 meses y 217 días, lo que es igual a 5 años, 7 meses y 7 días) al triple de la más grave (9 años, 24 meses y 405 días resultado de multiplicar por tres la pena de 3 años, 8 meses y 135 días).

El Supremo, tras analizar el caso, concluye que existe aún **una posibilidad más beneficiosa para el reo,** formando un bloque con las ejecutorias n.° 3, 4, 5, 6 y 7.

Determina un máximo de cumplimiento de 3 años, 39 meses y 48 días, el triple de la más grave, la ejecutoria 29/2012 (n.º 6 del cuadro); que sumadas a las penas de las ejecutorias n.º 1, 2, 8, 9 y 10, que deben ser objeto de cumplimiento independiente, alcanza la cifra de 6 años, 112 meses y 306 días (5.846 días), inferior a la que resulta del cómputo global en la resolución recurrida (expresada sin convertir a doce meses en un año, pues al cifrarse estos en treinta días, media una diferencia de cinco días en el cómputo anual): 5 años, 139 meses y 340 días (6.310 días).

**A TENER EN CUENTA.** Cuando se trata de un menor, la Ley Orgánica 5/2000, de 12 de enero, reguladora de la responsabilidad penal de los menores, en su artículo 47.2, establece que:

> «Si se hubieren impuesto al menor en diferentes resoluciones judiciales dos o más medidas de la misma naturaleza, el Juez competente para la ejecución, previa audiencia del letrado del menor, refundirá dichas medidas en una sola, sumando la duración de las mismas, hasta el límite del doble de la más grave de las refundidas.
>
> El Juez, previa audiencia del letrado del menor, deberá proceder de este modo respecto de cada grupo de medidas de la misma naturaleza que hayan sido impuestas al menor, de modo que una vez practicada la refundición no quedará por ejecutar más de una medida de cada clase de las enumeradas en el artículo 7 de esta Ley».

# 4.
# CONCURSO IDEAL

El *Diccionario del Español Jurídico* de la RAE, define el concurso de delitos como la:

> «Situación que se produce cuando un mismo sujeto comete dos o más infracciones penales, bien simultáneamente, bien en un cierto espacio temporal».

Su regulación se contiene en los arts. 73 a 79 del Código Penal.

Hablamos de un concurso ideal de delitos cuando un hecho realizado por el mismo sujeto constituye dos o más delitos. A esta situación se refiere el art. 77 del CP en sus apartados 1 y 2 en los que se establece:

> «1. Lo dispuesto en los dos artículos anteriores no es aplicable en el caso de que un solo hecho constituya dos o más delitos, o cuando uno de ellos sea medio necesario para cometer el otro.
>
> 2. En el primer caso, se aplicará en su mitad superior la pena prevista para la infracción más grave, sin que pueda exceder de la que represente la suma de las que correspondería aplicar si se penaran separadamente las infracciones. Cuando la pena así computada exceda de este límite, se sancionarán las infracciones por separado».

Así, a tenor de lo dispuesto en **el apartado primero del artículo 77 del Código Penal**, lo establecido en los artículos 75 y 76 del citado texto legal no es aplicable en el caso de que **un solo hecho constituya dos o más delitos**, es decir, cuando el hecho lesione diferentes bienes jurídicos protegidos. La **sentencia del Tribunal Supremo n.° 25/2022, de 14 de enero, ECLI:ES:TS:2022:92**, ha precisado este concepto, señalando al respecto:

> «El primer caso es el concurso ideal propiamente dicho que se produce no solo en el caso de que el acto único produce un único resultado pero varias relaciones jurídicas, sino también en el caso de que un mismo acto produzca varios resultados ya homogéneos, ya heterogéneos».

No obstante, antes de entrar a analizar de manera pormenorizada el concurso ideal de delitos, es importante conocer las **diferencias** existentes **entre un concurso de normas y un concurso de delitos.** Tal y como establecen la doctrina científica y la jurisprudencia de nuestro Alto Tribunal, reflejada en **STS n.º 341/2020, de 22 de junio, ECLI:ES:TS:2020:2835**:

> «Así en SSTS. 97/2015, de 24 febrero, 413/2015, de 30 junio, 454/2015, de 10 julio, 535/2015, de 1 de octubre, 544/2016, de 21 junio, decíamos como la doctrina científica y jurisprudencia son contestes en considerar que el concurso de leyes se produce cuando un mismo supuesto de hecho o conducta unitaria pueden ser subsumidos en dos o más distintos tipos o preceptos penales de los cuales sólo uno resulta aplicable so pena de quebrantar el tradicional principio del " non bis in idem". Distinto es el caso del concurso ideal de delitos, que tiene lugar cuando también concurren sobre un mismo hecho varios preceptos punitivos que no se excluyen entre sí, siendo todos ellos aplicables (SSTS. 1424/2005, de 5.12, 1182/2006, de 29.11, 1323/2009 de 30.12).
>
> Entre uno y otro supuesto existe una diferencia esencial u ontológica que radica en que en el concurso de normas el hecho o conducta unitaria es único en su vertiente natural y en la jurídica, pues lesiona el mismo bien jurídico, que es protegido por todas las normas concurrentes, con lo que la sanción del contenido de la antijuricidad del hecho se satisface con la aplicación de una de ellas, porque la aplicación de las demás vulneraría el mencionado principio del " non bis in idem". En cambio, en el concurso ideal de delitos, el hecho lesiona distintos bienes jurídicos, cada uno de los cuales es tutelado por una norma penal concurrente, de suerte que aquel hecho naturalmente único es valorativamente múltiple, pues su antijuricidad es plural y diversa, y para sancionar esa multiplicidad de lesiones jurídicas es necesario aplicar cada una de las normas que tutelan cada bien jurídico lesionado».

A mayor abundamiento, para saber si estamos ante un concurso de normas o delitos *«(...) ha de ser necesariamente una valoración jurídica por la cual, si la sanción por uno de los dos delitos fuera suficiente para abarcar la total significación antijurídica del comportamiento punible, nos hallaríamos ante un concurso de normas; y en el caso contrario ante un concurso de delitos"».* (**STS n.º 340/2024, de 25 de abril, ECLI:ES:TS:2024:2276**).

**CUESTIONES**

**1. ¿Qué es un bien jurídico protegido?**

Según el *Diccionario del Español Jurídico* de la RAE, «En derecho penal, bien tutelado por el Estado con ocasión de la tipificación de una determinada conducta como delito o falta».

**2. ¿Qué dispone el artículo 75 del Código Penal?**

El artículo 75 del texto legal de referencia estipula que «Cuando todas o algunas de las penas correspondientes a las diversas infracciones no puedan ser cumplidas simultáneamente por el condenado, se seguirá el orden de su respectiva gravedad para su cumplimiento sucesivo, en cuanto sea posible».

**3. ¿Qué establece el artículo 76 del Código Penal?**

El artículo 76 de la citada norma penal fija el máximo de cumplimiento efectivo de la condena del culpable. La regla general es que éste no podrá exceder del triple del tiempo por el que se le imponga la más grave de las penas en que haya incurrido, declarando extinguidas las que procedan desde que las ya impuestas cubran dicho máximo, que no podrá exceder de 20 años.

De manera excepcional, este límite máximo será de:

- 25 años (cuando el sujeto haya sido condenado por dos o más delitos y alguno de ellos esté castigado por la ley con pena de prisión de hasta 20 años).
- 30 años (cuando el sujeto haya sido condenado por dos o más delitos y alguno de ellos esté castigado por la ley con pena de prisión superior a 20 años).
- 40 años (cuando el sujeto haya sido condenado por dos o más delitos y, al menos, dos de ellos estén castigados por la ley con pena de prisión superior a 20 años).
- 40 años (cuando el sujeto haya sido condenado por dos o más delitos referentes a organizaciones y grupos terroristas y delitos de terrorismo de la sección segunda del capítulo VII del título XXII del libro II del Código Penal y alguno de ellos esté castigado por la ley con pena de prisión superior a 20 años.
- Cuando el sujeto haya sido condenado por dos o más delitos y, al menos, uno de ellos esté castigado por la ley con pena de prisión permanente revisable, se estará a lo dispuesto en los artículos 92 y 78 bis del Código Penal.

Además, la limitación se aplicará, aunque las penas se hayan impuesto en distintos procesos, cuando lo hayan sido por hechos cometidos antes de la fecha en que fueron enjuiciados los que, siendo objeto de acumulación, lo hubieran sido en primer lugar.

## 4.1. La punición del concurso ideal

La punición del concurso ideal se estipula en el **apartado segundo del artículo 77 del Código Penal,** de manera que, **se aplicará en su mitad superior la pena prevista para la infracción más grave, sin que pueda exceder de la que represente la suma de las que correspondería aplicar si se penaran separadamente las infracciones; ahora bien, cuando la pena así computada exceda de ese límite, se sancionarán las infracciones por separado.**

Así lo entiende el Tribunal Supremo cuando declara que *«(...) es preciso determinar para cada caso, conforme a las reglas aplicables y teniendo en cuenta el margen discrecional del juez o tribunal, el máximo imponible penando separadamente las distintas infracciones. No procede realizar tal cálculo sobre los mínimos que legalmente pudieran ser posibles, pues no se trata de imponer al reo la pena mínima en todo caso, lo que supondría aplicar un beneficio injustificado, por desproporcionado, sino de establecer un límite máximo a la pena tipo que viene señalada con carácter general por la regla del artículo 77, sin perjuicio de aplicar después las reglas de la individualización que prevén que el tribunal tenga en cuenta no solo las circunstancias modificativas concurrentes, sino también las circunstancias del culpable y la mayor o menor gravedad del hecho»* (**STS n.º 494/2014, de 18 de junio, ECLI:ES:TS:2014:3078**).

No obstante, el precepto de referencia, no precisa si la comparación ha de hacerse en abstracto o en concreto, sin embargo, la jurisprudencia tradicionalmente se inclinó por la segunda opción, determinado que «*La doctrina de esta Sala ha entendido (STS núm. 1051/2006, de 30 de octubre) que para realizar los cálculos que resultan obligados a consecuencia de esta previsión legal, debe partirse de la individualización de la pena para cada uno de los delitos cometidos, de forma que debe tenerse en cuenta la pena concreta que correspondería a cada uno de ellos según los razonamientos del Tribunal en relación con el caso enjuiciado, prescindiendo de la pena asignada en abstracto por la Ley. De esta forma, el Tribunal debe precisar como paso previo cuál sería la pena a imponer a cada delito separadamente considerado en atención a los criterios contenidos en los arts. 61 y ss CP, y, una vez determinada, aplicar las normas especiales del art. 77, pues no resulta posible saber si la pena correspondiente al delito de mayor gravedad en su mitad superior excede o no de las que correspondería aplicar si se penaran separadamente ambos delitos hasta que estas últimas no están adecuadamente precisadas en el caso concreto*» (**STS n.º 608/2021, de 7 de julio, ECLI:ES:TS:2021:2729**).

A título ilustrativo, en un caso de concurso ideal entre un delito contra el medio ambiente y un delito de lesiones, con la concurrencia de la atenuante de dilaciones indebidas, nuestro más alto tribunal entiende que el tribunal de instancia no había fijado la pena de conformidad con el apartado segundo del artículo 77 del Código Penal, y en consecuencia, casa la sentencia emitida por el mismo, dado que la punición del concurso ideal era más dañosa para el reo que la punición por separado (**STS n.º 244/2015, de 22 de abril, ECLI:ES:TS:2015:2050**).

**A TENER EN CUENTA.** Las sentencias analizadas en el presente punto podrían contener referencias realizadas a versiones anteriores del Código Penal.

## 4.2. Doctrina del Tribunal Supremo

### Concurso ideal entre un delito de lesiones básicas dolosas y un delito de lesiones agravadas cometidas por imprudencia

**Lesiones derivadas de una agresión producida en un bar situado en una localidad de Barcelona.**

**Sentencia del Tribunal Supremo n.º 608/2021, de 7 de julio, ECLI:ES:TS:2021:2729**

#### || Antecedentes de hecho

En fecha de 24 de julio de 2018, la Audiencia Provincial de Barcelona dicta sentencia a través de la cual se condena al acusado como autor de un delito consumado de lesiones previsto en el apartado primero del artículo 150 del

Código Penal, en concurso con un delito de lesiones imprudentes del artículo 152 de la misma norma, a la pena de cuatro años y seis meses de prisión, en virtud de los siguientes hechos:

- En fecha de 25 de diciembre de 2014, el acusado acude a un bar situado en las proximidades de la estación de una localidad barcelonesa y sin motivo aparente se dirige hacia la víctima, quien en ese momento se encontraba en el local consumiendo una bebida, para pegarle un fuerte golpe en la cara.
- Como consecuencia de la agresión, la víctima sufre graves secuelas derivadas de las importantes lesiones que le produjo el golpe en su ojo izquierdo.

Luego, la representación procesal del acusado presenta recurso de casación por infracción de ley contra la antedicha sentencia de la Audiencia Provincial de Barcelona y, en particular, alega los siguientes motivos:

- Por infracción de ley del apartado primero del artículo 849 de la Ley de Enjuiciamiento Criminal.
- Por infracción del apartado cuarto del artículo 5 de la Ley Orgánica del Poder Judicial (en relación al artículo 24 de la CE, apartado 2).
- Por vulneración del derecho a un proceso sin dilaciones indebidas en aplicación de la atenuante analógica del art. 21 del CP, apartados 6 y 7.
- Por inaplicación indebida del artículo 72 del Código Penal.
- Por aplicación indebida de los artículos 147, 149, 150, 152 y 617 del Código Penal.
- Por aplicación indebida de los artículos 131.2 y 77, 10 del Código Penal.
- Por infracción de ley del numeral 2.º del artículo 849 de la Ley de Enjuiciamiento Criminal.

### || Fundamentos de derecho

En este caso, nuestro Alto Tribunal entiende que el acusado es condenado, como indicamos con anterioridad, como autor de un delito consumado de lesiones previsto en el apartado primero del artículo 150 del Código Penal en concurso con un delito de lesiones imprudentes del artículo 152 del texto legal de referencia, sin embargo el Tribunal difiere de la pena impuesta por el tribunal de instancia ya que entiende que no puede alcanzar la extensión marcada en la sentencia, ello por los siguientes motivos:

1.º Existencia de un concurso ideal entre un delito de lesiones básicas dolosas y un delito de lesiones agravadas cometidas por imprudencia. Esto conduce a que deba aplicarse la regla penológica del art. 77 del CP, apartado 2, que determina la aplicación de la pena prevista para la infracción más grave en su mitad superior, sin que pueda exceder de la que represente la suma de las que correspondería aplicar si se penaran separadamente, en este caso se sancionarán las infracciones por separado.

En el supuesto de hecho señala la sentencia:

> «El art. 147.1 CP, en su redacción actual, más beneficiosa para el acusado, asigna pena de prisión de 3 meses a 3 años o multa de 6 a 12 meses. El delito de lesiones imprudentes previsto en el art. 152.1.2° CP prevé una pena de 1 a 3 años de prisión».

2.° Doctrina de la sala de lo penal del Tribunal Supremo sobre cálculo de penas, señala que debe partirse de la individualización de la pena para cada uno de los delitos cometidos, de forma que debe tenerse en cuenta la pena concreta en relación con el caso enjuiciado, prescindiendo de la pena asignada en abstracto por la ley:

> «(...) De esta forma, el tribunal debe precisar como paso previo cuál sería la pena a imponer a cada delito separadamente considerado en atención a los criterios contenidos en los arts. 61 y ss. CP, y, una vez determinada, aplicar las normas especiales del art. 77, pues no resulta posible saber si la pena correspondiente al delito de mayor gravedad en su mitad superior excede o no de las que correspondería aplicar si se penaran separadamente ambos delitos hasta que estas últimas no están adecuadamente precisadas en el caso concreto».

En este caso, el Alto Tribunal determina que el cálculo de la pena debió hacerse de la siguiente forma:

> «Teniendo en cuenta como fundamentos de agravación, el riesgo generado, y el modo en que se produjo la agresión, lanzando un puñetazo a la cara de la víctima de forma inopinada, sin discusión previa, y sin motivo alguno; y como fundamento de atenuación, la ausencia de antecedentes penales computables, de acuerdo con lo dispuesto en el art. 66.1.6ª CP, estimamos adecuada y proporcional, por el delito de lesiones previsto en el art. 147.1 CP, la imposición de la pena de prisión de 1 año y 6 meses, próxima al máximo de la mitad inferior (de 3 meses a 1 año, 7 meses y 15 días) con la accesoria correspondiente. Y por el delito de lesiones imprudentes previsto en el art, 152.1.2° CP, atendidos iguales criterios de individualización penal, la pena de prisión de 1 año y 6 meses, próxima también al máximo de la mitad inferior (de 1 a 2 años) con la accesoria correspondiente. La suma de ambas penas alcanza los 3 años de prisión.
>
> Si optásemos por la mitad superior (2 a 3 años de prisión) de la infracción más grave (art. 152.1.2° CP), aplicando los mismos criterios de individualización, procedería la imposición de una pena de 2 años y 4 meses, próxima al máximo de la mitad inferior (de 2 años a 2 años y 6 meses) con la accesoria correspondiente».

## || Resolución

En consecuencia, se estima el recurso de casación interpuesto por la representación procesal del acusado contra la sentencia de la Audiencia Provincial de Barcelona, de 24 de julio y, en su virtud, se casa y anula en parte la indicada sentencia, imponiéndosele al acusado la pena de dos años y cuatro meses de prisión, por ser la opción más beneficiosa para él.

## Delito de atentado en concurso medial con un delito de homicidio en grado de tentativa

**Lesiones producidas a dos agentes de la autoridad en una intervención policial ocasionada por una reyerta en un local de ocio nocturno.**

**Sentencia del Tribunal Supremo n.º 764/2014, de 19 de diciembre, ECLI:ES:TS:2014:5078.**

### || Antecedentes de hecho

En fecha de 26 de marzo de 2014, la Audiencia Provincial de Sevilla dicta sentencia en virtud de la cual se condena al acusado como autor responsable de un delito de homicidio en grado de tentativa a la pena de cinco años de prisión con la correspondiente accesoria y de una de las antiguas faltas de lesiones a la pena de un mes de multa, basándose en los siguientes hechos:

1.º El 14 de abril del año 2013, se produce un altercado entre los clientes de una discoteca situada en un polígono industrial de la capital hispalense, y ante la gravedad de la situación, alguno de los que allí se encontraba se pone en contacto con la policía.

2.º A consecuencia de esa llamada se personan en el lugar de ocio varios agentes del Cuerpo Nacional de Policía encontrándose a su llegada con una ambulancia cuyo personal sanitario asiste a un herido.

3.º Una vez allí, los agentes escuchan voces y ruidos de cristales rotos provenientes del referido local de ocio nocturno prueba de que la reyerta no había finalizado y, en consecuencia, se dirigen hacia el interior del mismo.

4.º Al dirigirse hacia el establecimiento los policías visualizan a una persona que sale corriendo del local, de inmediato los agentes, presumiendo la relación del mismo con el altercado, le ordenan que se detenga para proceder a identificarlo y aclarar la situación.

5.º El acusado hace caso omiso a la orden policial y huye hasta donde se encuentra aparcado su vehículo, siendo perseguido por los dos agentes en todo momento.

6.º Al llegar a la altura del vehículo el acusado procede a abrir una de las puertas delanteras del mismo y saca de la guantera un cuchillo de los utilizados en cocina, en ese momento, uno de los agentes intenta agarrarlo del brazo.

7.º Como consecuencia de lo anterior, el acusado dio al policía una puñalada en la zona del abdomen, donde se encuentran órganos vitales, sin embargo, el agente no sufrió las lesiones mortales que dicha acción provocaría, gracias al chaleco antibalas y anticuchillos que portaba bajo el uniforme.

8.º Por último, tras mucho esfuerzo, los dos policías reducen al procesado a pesar de su ardua resistencia, acabando los tres por el suelo y sufriendo los agentes diversas lesiones que no revistieron mayor gravedad.

Posteriormente, tanto el Ministerio Fiscal como la representación legal del acusado interponen recurso de casación contra la antedicha sentencia, basándose el primero en que, *«(...) la relación entre ambos delitos no es la de un concurso de normas, en el que el delito más grave absorbe al de menor entidad, sino de un concurso ideal de delitos en el que una misma acción integra dos delitos diferentes, debiendo ser sancionados ambos por afectar a dos bienes jurídicos diferentes»*.

## || Fundamentos de derecho

Así, el Tribunal Supremo estima el motivo alegado por el Ministerio Fiscal exponiendo, en relación con el concurso ideal de delitos:

a. Doctrina de la sala de lo penal del Tribunal Supremo.

> «La doctrina de esta sala (...), considera que no puede ser acogida la pretensión de que los delitos o faltas contra las personas que se puedan perpetrar con ocasión de un atentado a agentes de la autoridad sean consumidos por este (o viceversa), pues la coincidencia de unas y otras infracciones no dan lugar a un concurso de normas sino a un concurso ideal de delitos, que debe ser resuelto por las reglas contenidas en el art. 77 CP.
>
> **La acción de agredir gravemente a un agente de la autoridad afecta simultáneamente a dos bienes jurídicos diferentes: el atentado que supone un ataque al principio de autoridad del que están investidas por la sociedad las fuerzas de seguridad con el fin de que puedan desarrollar las relevantes funciones que les corresponden para mantener la paz y la seguridad públicas, sin interferencias violentas, y que implica un menoscabo del respeto que merecen los agentes en el ejercicio de dichas funciones, y al mismo tiempo la lesión inferida, o en este caso la muerte intentada, que suponen un ataque o puesta en peligro de la integridad física de las personas, bien jurídico distinto del anterior, y que merece un tratamiento punitivo autónomo»**.

b. Cálculo de la pena en el caso concreto.

> «(...) **en el supuesto que examinamos el delito de atentado y el delito de homicidio en grado de tentativa, se encuentran en relación de concurso ideal de delitos al que se debe aplicar el artículo 77 del Código Penal**, en el cual se establece que en el caso de que un solo hecho constituya dos o más infracciones se aplicará en su mitad superior la pena prevista para la infracción más grave, sin que pueda exceder de la que represente la suma de las que correspondería aplicar si se penaran separadamente las infracciones.
>
> La infracción más grave, en el caso actual, es el homicidio intentado. Su penalidad, bajando un solo grado como estima procedente el tribunal sentenciador, va de cinco a diez años de prisión, por lo que la mitad superior se extiende de 7 años y seis meses a diez años. Esta pena no excede, si se impone en el mínimo legal, de la imponible por separado, pues el delito de atentado con uso de armas tiene una pena mínima de tres años (art. 552 1.º), con lo que el mínimo que podría imponerse penando ambos delitos por separado, al sumarse a dicha pena los cinco años de prisión correspondientes al homicidio intentado, sería de ocho años.
>
> **Procede, en consecuencia, estimar el motivo y sancionar los hechos como constitutivos de un delito de atentado con armas a agentes de**

la autoridad, del art 550, 551 y 552 1.º CP, en concurso ideal del art 77 CP con un delito de homicidio intentado, a la pena de siete años y seis meses de prisión.

Esta sanción incluye la resistencia posterior a la detención, ofrecida por el acusado a los dos agentes, pues entre ambas conductas si existe un concurso de normas, absorbiendo el acometimiento a la resistencia activa, y también incluye el resultado de falta de lesiones ocasionadas al segundo agente, pues escogida la opción de sancionar el delito más grave en su grado máximo, ya no pueden castigarse por separado las faltas de lesiones que están incluida en el concurso ideal ya sancionado».

### || Resolución

Por consiguiente, el Tribunal Supremo declara haber lugar al recurso de casación presentado por el Ministerio Fiscal contra la antedicha sentencia de la Audiencia Provincial de Sevilla y, en su virtud, se casa y anula la misma y se dicta una segunda sentencia cuyo fallo literal es el siguiente:

> «Debemos condenar y condenamos al acusado (...), como **autor criminalmente responsable de un delito de atentado, de los arts. 550, 551 1 in fine y 552 1 CP, en concurso medial con un delito de homicidio en grado de tentativa, de los arts. 138 y 16 del Código Penal**, sin la concurrencia de circunstancias modificativas de la responsabilidad criminal, a la pena de SIETE AÑOS Y SEIS MESES DE PRISIÓN, inhabilitación especial para el derecho de sufragio durante el tiempo de duración de la pena privativa de libertad, y costas procesales».

## Delito de lesiones en concurso ideal con otro de homicidio imprudente

**Muerte derivada de las lesiones ocasionadas en una pelea originada a la salida de una discoteca.**

**Sentencia del Tribunal Supremo n.º 3/2016, de 19 de enero, ECLI:ES:TS:2016:82**

### || Antecedentes de hecho

En fecha de 26 de noviembre de 2014, la Audiencia Provincial de Segovia dicta sentencia mediante la cual se condena al acusado como autor de un delito de lesiones del apartado primero del artículo 147 del Código Penal en concurso ideal con un delito de homicidio imprudente del apartado primero del artículo 142 del mismo texto legal, a la pena de cuatro años de prisión, en base a los siguientes hechos:

1.º El día 8 de mayo de 2011, el acusado junto con otras personas, entre las que se encontraba su hijo, acudieron a un bar sito en la localidad segoviana de Chañe, donde se produjo, en un determinado momento de la madrugada, un percance entre el grupo del acusado y otro grupo que se encontraba en dicho local, solucionándose el incidente de forma pacífica.

2.º Al finalizar la sesión de música del citado establecimiento, el grupo de amigos del condenado salen a la calle y, sin poder precisar el instante en el que se producen los hechos, la víctima, que se encontraba en evidente estado de embriaguez, salió también a la misma vía, siendo en ese momento brutalmente golpeada a la altura del ojo derecho.

3.º Como consecuencia del fuerte golpe, la víctima cae al suelo fracturándose violentamente el cráneo, provocándole dicha acción lesiones de tal gravedad que, horas más tarde, provocarían su muerte.

Después, la representación legal del acusado interpone recurso de casación contra la antedicha sentencia alegando error en la apreciación de las pruebas, infracción de la presunción de inocencia, e indebida aplicación al acusado del artículo 147.1 en concurso con el artículo 142. 1 del Código Penal en relación de concurso ideal.

### || Fundamentos de derecho

Sin embargo, nuestro Alto Tribunal entiende que la juzgadora *a quo* no se ha equivocado al entender que los hechos de referencia son integrantes de un concurso ideal entre:

> «lo verdaderamente querido —el puñetazo en la cara— y el desenlace mortal —no buscado de propósito, pero previsible y evitable—.
>
> (...)
>
> En consecuencia, la tesis de la defensa, llamada a eliminar la condena por el delito de homicidio imprudente y su sustitución por la que sería propia de un delito de lesiones imprudente (art. 152.1 CP) o una falta de lesiones, ahora delito leve de lesiones (art. 147.3 CP), choca frontalmente con el juicio histórico. La muerte de (...) es el resultado de una acción imprudente ejecutada por el acusado, sin que sea posible atribuir su realidad al infortunio».

### || Resolución

Así, el TS declara no haber lugar al recurso de casación interpuesto por la representación legal del condenado contra la sentencia de la Audiencia Provincial de Segovia.

## Concurso ideal heterogéneo entre un delito de quebrantamiento de condena y un delito de amenazas

Condena por realizar amenazas quebrantando la prohibición de comunicarse con la víctima

Sentencia del Tribunal Supremo n.º 145/2024, de 15 de febrero, ECLI:ES:TS:2024:1111

### || Antecedentes de hecho

En diligencias previas se había dictado orden de protección a favor de la víctima, en virtud de la cual se prohibía al acusado aproximarse a ella, así como comunicarse con la misma por cualquier medio, directo, indirecto o telemático, durante la tramitación de la causa. El acusado en diversas ocasiones se dirigió a la víctima de manera indirecta profiriéndole amenazas.

El juzgado de lo penal dictó el siguiente fallo:

> «Que debo condenar y condeno a Constantino, como autor criminalmente responsable de un delito continuado de quebrantamiento de medida cautelar del artículo 468.2 del Código Penal, y de un delito continuado de amenazas del artículo 169.2, ambos relacionados con el artículo 74 del mismo texto legal, atribuibles al acusado, sin la concurrencia de circunstancias modificativas de la responsabilidad penal (...)».

Presentado recurso de apelación la audiencia revoca parcialmente la sentencia del juzgado de lo penal y acuerda:

> «Los citados delitos continuados de quebrantamiento de medida cautelar y de amenazas graves se aprecian entre sí en relación de concurso ideal del artículo 77.1 y 2 del Código Penal (...)».

Frente a la sentencia de la audiencia provincial la acusación particular presentó recurso de casación, el Tribunal Supremo delimita la cuestión del siguiente modo:

> «El juzgado de lo Penal condenó por sendos delitos continuados de amenazas y quebrantamiento de condena.
>
> La Audiencia Provincial revocó parcialmente la condena: entendió que entre los dos grupos delictivos podía establecerse una relación de concurso ideal del art. 77.1 y 2 CP, imponiendo una única pena agravada conforme a la regla enunciada en tal precepto.
>
> El recurso estima que no es correcta la subsunción: estaríamos ante un concurso real, como entendió el Juzgado, que daría lugar a dos penalidades separadas».

## || Fundamentos de derecho

En primer lugar, el Alto Tribunal descarta que la conducta del acusado sea un concurso medial o instrumental —supondría entender que el quebrantamiento de condena sería el medio para la amenaza—, que en rigor es un concurso real al que el legislador ha dado un tratamiento especial en virtud de la relación de medio a fin entre las infracciones.

Establece la sentencia que no existe inconveniente dogmático para considerar que la conducta constituye un concurso ideal en continuidad delictiva, así razona:

> «En cada ocasión se produce una única acción: dirigir amenazas a la recurrente pese a la prohibición de comunicación. Siendo dos los bienes jurídicos protegidos (tranquilidad y seguridad de la víctima y debido respeto a las decisiones judiciales) el desvalor solo se cubre plenamente castigando por los dos preceptos vulnerados: 468 y 169 CP. Pero como la acción ha

sido única estaremos en el caso del art. 77.1 CP: un solo hecho que supone dos delitos. Es un concurso ideal heterogéneo.

Es un error que se desliza en el razonamiento del recurso pensar que la afectación de bienes jurídicos distintos conduce al concurso real ineludiblemente. No es así. Es más, precisamente una de los criterios más fecundos a la hora de discriminar entre el concurso de normas y el concurso ideal de delitos consiste en calibrar si está presente más de un bien jurídico en juego afectado. En caso negativo lo ordinario será que estemos ante un concurso de normas.

Y como ese hecho se ha repetido en varias ocasiones, estaremos ante una continuidad de dos delitos trabados por la relación protocolizada en el art. 77.1 y punible conforme a la regla del art. 77.2, completada con la del art. 74 CP: mitad superior de la mitad superior de la pena señalada al delito más grave. Los artículos 74 y 77 no son incompatibles entre sí: es posible -y muy frecuente además en los concursos mediales- su aplicación conjunta coordinada».

## || Resolución

El Tribunal Supremo desestima el recurso de casación interpuesto por la acusación particular al entender que la calificación de los hechos como concurso ideal entre los delitos de quebrantamiento de condena y amenazas es correcta.

**A TENER EN CUENTA.** Las sentencias analizadas en el presente punto podrían contener referencias realizadas a versiones anteriores del Código Penal.

# 5.
# EL CONCURSO MEDIAL O INSTRUMENTAL

Según el *Diccionario del Español Jurídico* el **concurso medial de delitos** es la:

> «Situación que se produce cuando un delito es un medio necesario para cometer otro por un mismo sujeto».

## Evolución legislativa y jurisprudencial del concurso ideal de delitos

Según lo establecido en la **redacción original** del artículo 77 del Código Penal (**antes** de la modificación realizada por la LO 1/2015, de 30 de marzo):

> «1. Lo dispuesto en los dos artículos anteriores, no es aplicable en el caso de que un solo hecho constituya dos o más infracciones, o cuando una de ellas sea medio necesario para cometer la otra.
>
> 2. En estos casos se aplicará en su mitad superior la pena prevista para la infracción más grave, sin que pueda exceder de la que represente la suma de las que correspondería aplicar si se penaran separadamente las infracciones.
>
> 3. Cuando la pena así computada exceda de este límite, se sancionarán las infracciones por separado».

Es decir, tanto desde un punto de vista legislativo como jurisprudencial se hacía un tratamiento unitario del concurso medial y el concurso ideal de delitos, prueba de ello es lo expuesto por nuestro Alto Tribunal en **STS, n.º 123/2003, de 3 de febrero, ECLI:ES:TS:2003:604**, así:

> «En el art. 71 del C.P. se contemplan dos diferentes figuras de concurso de delitos con unas reglas especiales en orden a la imposición de las penas, distintas de las establecidas en los artículos anteriores para el concurso real, por un lado, el caso en que un solo hecho constituya dos o más delitos, el llamado propiamente concurso ideal, y por otro, el supuesto de

que un delito sea medio necesario para cometer otro, que es por su naturaleza una modalidad de concurso real, al existir una pluralidad de acciones constitutivas de otros tantos delitos, pero que **en la determinación de la penalidad, se asimila al concurso ideal, llamado en nuestra doctrina concurso medial o ideal impropio**».

Ya con la **reforma** del Código Penal, en el año 2015, el artículo 77 del Código Penal **se modifica** quedando redactado del siguiente modo:

> «1. Lo dispuesto en los dos artículos anteriores no es aplicable en el caso de que un solo hecho constituya dos o más delitos, o cuando uno de ellos sea medio necesario para cometer el otro.
>
> 2. En el primer caso, se aplicará en su mitad superior la pena prevista para la infracción más grave, sin que pueda exceder de la que represente la suma de las que correspondería aplicar si se penaran separadamente las infracciones. Cuando la pena así computada exceda de este límite, se sancionarán las infracciones por separado.
>
> 3. En el segundo, se impondrá una pena superior a la que habría correspondido, en el caso concreto, por la infracción más grave, y que no podrá exceder de la suma de las penas concretas que hubieran sido impuestas separadamente por cada uno de los delitos. Dentro de estos límites, el juez o tribunal individualizará la pena conforme a los criterios expresados en el artículo 66. En todo caso, la pena impuesta no podrá exceder del límite de duración previsto en el artículo anterior».

Ahora bien, es importante destacar que, de conformidad con el apartado primero del artículo 77 del Código Penal, lo establecido en los artículos 75 y 76 de la citada norma no es aplicable en el caso de que un solo hecho constituya dos o más delitos, o **cuando uno de ellos sea medio necesario para cometer el otro.**

En este sentido, el Tribunal Supremo estima que el concurso medial, también denominado «teleológico o instrumental» es una **variante del concurso real**, tal como recoge la **STS n.º 4/2024, de 7 de febrero, ECLI:ES:TS:2024:598**:

> «(...) Concurso medial, también conocido como teleológico o instrumental; que es una modalidad del concurso real (pluralidad de acciones en correspondencia con una pluralidad de delitos) sancionado como si se tratase de un concurso ideal (unidad de acción con pluralidad de delitos) (SSTS. 1632/2002, de 9.10, 123/2003, de 3.2, 590/2004, de 6.5, 919/2004, de 12.7). Es decir, se trata de un concurso real en el que la pena única total del hecho excepcionalmente no se rige por el principio general de la acumulación, con los límites previstos en el art. 76, sino por la regla especifica que establece el art. 77.1. (...)».

A mayor abundamiento, con respecto a la delimitación conceptual del concurso medial o instrumental, tal como establece la **STS n.º 520/2017, de 6 de julio, ECLI:ES:TS:2017:2751**, la doctrina ha venido apreciando que:

> «(...) la mera conexión instrumental entendida en clave subjetiva como preordenación de un delito a la realización de otro se reconoce insuficiente para colmar el presupuesto del concurso medial.

Es necesario contemplar la interconexión de los delitos también en clave objetiva. La jurisprudencia en términos generales nos dice que para que proceda la estimación del concurso instrumental no basta la preordenación psíquica, o sea que la necesidad medial no ha de ser contemplada solamente desde el aspecto subjetivo o atendiendo al proceso psicológico o intencional del agente para llegar a conseguir el fin o resultado que se había propuesto, sino también al aspecto objetivo o real, de manera que al aplicar el juicio hipotético negativo resulte que el segundo delito no se hubiera producido de no haber realizado previamente el delito precedente (SSTS. 504/2003 de 2.4, 336/2014 de 11.4)».

En suma, para que proceda la estimación del **concurso instrumental** de delitos es necesaria la concurrencia de dos elementos, estos son:

- Un elemento subjetivo o intencional del sujeto, de tal forma que realiza el primer delito con el objetivo de lograr la comisión del segundo.
- Un elemento objetivo o real, de tal forma que la comisión del segundo delito no habría podido lograrse sin cometer el primero.

**CUESTIONES**

**1. ¿Qué debemos entender por medio necesario?**

Se entiende una acción como necesaria cuando aparezca, en apreciación racional de los hechos, como vehículo o instrumento caracterizado e idóneo para la comisión con éxito de la segunda infracción **(STS n.° 626/2019, de 18 de diciembre,** ECLI:ES:TS:2019:4216).

**2. ¿Cuál será el plazo de prescripción de un concurso medial de delitos?**

Como indica la jurisprudencia del Tribunal Supremo «(...) ante un conflicto de infracciones conexas o incidentales se debe seguir un criterio unitario, pues en los supuestos de enjuiciamiento de un comportamiento delictivo complejo que constituye una unidad íntimamente cohesionada de modo material, se podría conducir al resultado absurdo del enjuiciamiento aislado de una parcela de la realidad delictiva prescindiendo de la que se estimase previamente prescrita y que resulte imprescindible para la comprensión, enjuiciamiento y sanción de un comportamiento delictivo unitario, de forma que en estos casos la unidad delictiva prescribe de modo conjunto, no siendo posible apreciar la prescripción aislada del delito instrumental mientras no prescriba el delito más grave o principal (SSTS 570/2008 o 1006/2013, de 7 de enero)». **(STS n.° 1008/2022, de 9 de enero de 2023, ECLI:ES:TS:2023:1).**

**A TENER EN CUENTA.** Las sentencias analizadas en el presente punto podrían contener referencias realizadas a versiones anteriores del Código Penal.

## La individualización de la pena

Según lo expuesto en el artículo 77.3 del Código Penal, se impondrá **una pena superior a la que habría correspondido, en el caso concreto, por la infracción más grave, y que no podrá exceder de la suma de las penas concretas que hubieran sido impuestas separadamente por cada uno de los delitos.**

Dentro de estos límites, **el juez o tribunal individualizará la pena conforme a los criterios para la aplicación de la pena establecidos en el artículo 66 del Có-**

**digo Penal**, es decir, cuando se trate de delitos dolosos, los jueces o tribunales atenderán, según existan o no atenuantes o agravantes, a las reglas siguientes:

- Regla 1.ª Cuando concurra solo una circunstancia atenuante **aplicarán** la pena en la mitad inferior de la que fije la ley para el delito.
- Regla 2.ª Cuando concurran dos o más circunstancias atenuantes, o una o varias muy cualificadas, y no concurra agravante alguna, **aplicarán** la pena inferior en uno o dos grados a la establecida por la ley, atendidos el número de circunstancias atenuantes y a la entidad de las mismas.
- Regla 3.ª Cuando concurra solo una o dos circunstancias agravantes **aplicarán** la pena en la mitad superior de la que fije la ley para el delito.
- Regla 4.ª Cuando concurran más de dos circunstancias agravantes y no concurra atenuante alguna, **podrán aplicar** la pena superior en grado a la establecida por la ley, en su mitad inferior.
- Regla 5.ª Cuando concurra la circunstancia agravante de reincidencia con la cualificación de que el culpable al delinquir hubiera sido condenado ejecutoriamente, al menos, por tres delitos comprendidos en el mismo título del Código Penal, siempre que sean de la misma naturaleza, **podrán aplicar** la pena superior en grado a la prevista por la ley para el delito de que se trate, teniendo en cuenta las condenas precedentes, así como la gravedad del nuevo delito cometido; a estos efectos no se computarán los antecedentes penales cancelados o que debieran serlo.
- Regla 6.ª Cuando no concurran atenuantes ni agravantes **aplicarán** la pena establecida por la ley para el delito cometido, en la extensión que estimen adecuada, en atención a las circunstancias personales del delincuente y a la mayor o menor gravedad del hecho.
- Regla 7.ª Cuando concurran atenuantes y agravantes, las valorarán y compensarán racionalmente para la individualización de la pena. En el caso de persistir un fundamento cualificado de atenuación aplicarán la pena inferior en grado. Si se mantiene un fundamento cualificado de agravación, **aplicarán** la pena en su mitad superior.
- Regla 8.ª Cuando los jueces o tribunales apliquen la pena inferior en más de un grado **podrán** hacerlo en toda su extensión.

No obstante, en los casos de delitos leves y delitos imprudentes, los jueces o tribunales aplicarán las penas a su prudente arbitrio, sin sujetarse a las reglas expuestas con anterioridad.

Y, en todo caso, **la pena impuesta no podrá exceder del límite de duración previsto en el artículo 76 del Código Penal.**

**RESOLUCIONES RELEVANTES**

**Acuerdo del pleno no jurisdiccional del Tribunal Supremo de 12 de diciembre de 2017**

«En caso de **concurso medial**, cuando las penas de prisión señaladas en abstracto en cada uno de los delitos que integran el concurso no superen los cinco años de duración, aunque la suma de las previstas en una y otras infracciones excedan de esa cifra, la competencia para su enjuiciamiento corresponde al juez de lo penal».

## 5.1. La punición del concurso medial o instrumental

Tras la reforma del Código Penal articulada por medio de la LO 1/2015, de 30 de marzo, el art. 77.3 del CP señal que en el caso de concurso medial se impondrá una pena superior a la que habría correspondido, en el caso concreto, por la infracción más grave, y que no podrá exceder de la suma de las penas concretas que hubieran sido impuestas separadamente por cada uno de los delitos. Este precepto ha sido objeto de interpretación en la **sentencia del Tribunal Supremo n.º 340/2024, de 25 de abril, ECLI:ES:TS:2024:2276**, al señalar:

> «Como recuerda el Ministerio Fiscal, la doctrina de esa Sala ha interpretado el apartado 3 del art. 77 CP (SSTS núm. 863/2015, de 30 de diciembre, 28/2016 de 28 enero, 34/2016 de 2 febrero, 95/2016 de 17 febrero, 444/ 2016 del 25 mayo), en el sentido de que "el nuevo régimen punitivo del concurso medial consiste en una pena de nuevo cuño que se extiende desde una pena superior a la que habría correspondido en el caso concreto por la infracción más grave, como límite mínimo, hasta la suma de las penas concretas que habrían sido impuestas separadamente por cada uno de los delitos, como límite máximo.
>
> El límite mínimo no se refiere a la pena "superior en grado" de la establecida legalmente para el delito más grave, lo que elevaría excesivamente la penalidad y no responde a la literalidad de lo expresado por el Legislador, sino a una pena superior a la que habría correspondido, en el caso concreto, por la infracción más grave.
>
> El límite máximo de la pena procedente para el concurso medial no podrá exceder de la suma de las penas concretas que hubieran sido impuestas separadamente para cada delito».

En este sentido, véase la **Circular 4/2015 de la FGE sobre la interpretación de la nueva regla penológica prevista para el concurso medial de delitos,** en el punto relativo a las operaciones para concretar la pena en el concurso medial.

## 5.2. Doctrinal del Tribunal Supremo

### Delito de agresión sexual en concurso medial con delito de detención ilegal y maltrato

**Agresión sexual a la expareja del acusado con retención de la víctima en el vehículo**

**Sentencia del Tribunal Supremo n.º 340/2024, de 25 de abril, ECLI:ES:TS:2024:2276**

## Antecedentes de hecho

El acusado fue condenado por un delito de agresión sexual, en concurso medial con un delito de detención ilegal y de maltrato en el ámbito de la violencia de género, con la concurrencia en los dos primeros de la circunstancia modificativa de la responsabilidad criminal agravante de parentesco. Frente a la sentencia de primera instancia, la defensa interpuso un recurso de apelación que fue desestimado. Notificada la resolución, se interpuso recurso de casación alegando, entre otros motivos:

- Que no existe concurso medial, al entender la defensa que no queda acreditada la retención de la víctima en el coche.
- Vulneración del principio *non bis in idem*, al entender que se ha interpretado mal el art. 66 del CP.
- Error en la aplicación de la agravante de parentesco del art. 23 del CP, así como en la imposición de la pena de maltrato.

## Fundamentos de derecho

El Alto Tribunal se remite a su propia jurisprudencia para aclarar que, cuando concurren agresión sexual y privación de libertad deambulatoria, pueden darse dos situaciones:

- Que estemos ante un **concurso medial**, cuando la privación de libertad exceda del mínimo indispensable que puede considerarse connatural o concomitante para la ejecución del delito principal, pero es instrumental del delito proyectado.
- Situación de **concurso real**, cuando: primero, existe una pluralidad de personas detenidas, pues solo cabe apreciar la medialidad con una de las detenciones; segundo, cuando la detención está desconectada medialmente del delito-fin, convirtiéndose en un objetivo autónomo y diferente; tercero, cuando la prolongación de la detención desborda de manera manifiesta lo funcionalmente necesario.

La distinción siempre reclamará una valoración normativa de las concretas circunstancias concurrentes, en la que el elemento cronológico ocupará un papel destacado, pero no determinante. También deben sopesarse circunstancias específicas, como la forma en que la privación de libertad se ejecutó, en particular, el grado de intensidad alcanzado y el momento concreto en que se inició y finalizó.

En el caso concreto, el Alto Tribunal señala:

> «En nuestro caso, conforme a la narración que se consigna en el hecho probado, al que nos tenemos que ajustar en atención al motivo escogido por el recurrente, la detención ilegal de la Sra. Zaida constituyó un medio para la posterior agresión sexual. Nos encontramos, no ante una detención fugaz, sino ante un concurso medial o instrumental en el que la detención fue el medio utilizado para poder realizar la agresión sexual.
>
> Además, como observa el Tribunal de instancia, la privación de libertad no se limitó al tiempo e intensidad necesarios para cometer el delito

de agresión sexual, sino que se excedió de la misma, por lo que el delito de detención ilegal no puede quedar absorbido en el delito de agresión sexual».

Algo similar señala el Tribunal para el caso de malos tratos, en el que se establece que es determinante valorar si la violencia empleada es excesiva y, por tanto, no se puede entender absorbida por el delito de agresión sexual. Señala al respecto la referida resolución que:

> «Conforme señalamos sentencia 687/2017, de 19 de octubre, con cita expresa de la sentencia 768/2012, de 11 de octubre, la diferenciación entre la violencia necesaria, absorbida en el delito de agresión, y la violencia excesiva, superadora de lo instrumentalmente preciso para su ejecución y por ello mismo sancionable de forma diferenciada, no puede establecerse con relación exclusivamente limitada al elemento típico del acto sexual de que se trate, sino también al vencimiento de la voluntad contraria mediante la fuerza necesaria, es decir, instrumentalmente imprescindible para doblegar la oposición de la víctima. De modo que en la medida en que esa violencia se mantenga en los límites de esa necesidad instrumental, el desvalor de su ejercicio quedará absorbido en la antijuridicidad del delito de agresión sexual, y en cambio se penará con independencia cuando supere esos límites por exceder lo necesario para la agresión sexual».

En la fijación de la pena, el Tribunal Supremo avala el razonamiento de la primera instancia, en el que se tiene en cuenta la aplicación del art. 77 del CP en relación con el concurso medial y del art. 66 del CP para la apreciación de la agravante de parentesco en los delitos de detención ilegal y agresión sexual.

### || Resolución

El tribunal estimó parcialmente el recurso para ajustar la pena a la Ley Orgánica 10/2022, de 6 de septiembre, por resultar más beneficiosa al reo, estableciendo como pena:

> «Valorando las circunstancias expresadas por el Tribunal de instancia al proceder a la determinación de la pena, las cuales no resultan irracionales, si los delitos se penasen por separado, la pena a imponer al delito de agresión sexual sería el de 7 años de prisión, 5 años para el de detención ilegal y 6 meses para el delito de malos tratos. El sumatorio de todas ellas es de 12 años y 6 meses.
>
> Conforme a lo dispuesto en el artículo 77.3 del Código Penal, la pena tipo resultante para el primero de los delitos estaría comprendida entre 7 años y 1 día y 12 años y 6 meses.
>
> El Tribunal estimó que la pena entonces impuesta, de 11 años de prisión, estaba más próxima al límite mínimo, aunque rozando la mitad del margen penológico del concurso. Ahora, sin embargo, si mantenemos la pena en la extensión impuesta de 11 años, quedaría situada en la mitad superior. Por ello, y tomando en consideración las mismas circunstancias valoradas por la Audiencia, como son las circunstancias personales del

acusado, las del tiempo y lugar en que se cometieron los hechos, la gravedad de éstos y las consecuencias que tuvieron para la víctima, se estima adecuado imponer la pena de prisión en extensión de 9 años y 9 meses, que no sobrepasa la mitad de la pena legalmente imponible».

## Delito de falsedad en documento mercantil en concurso medial con un delito de estafa en grado de tentativa

**Intento de cobro indebido de varios talones pertenecientes a una comunidad de propietarios.**

**Sentencia del Tribunal Supremo n.º 1016/2010, de 24 de noviembre, ECLI:ES:TS:2010:6215**

### || Antecedentes de hecho

En fecha de 30 de noviembre de 2009, la Audiencia Provincial de Madrid dicta sentencia en virtud de la cual se condena a uno de los acusados, como autor responsable de un delito de falsedad en documento mercantil en concurso medial con un delito de estafa en grado de tentativa, a las penas de 6 meses de prisión y multa de 6 meses y de tres meses respectivamente, con la accesoria de inhabilitación especial para el derecho de sufragio pasivo durante el tiempo de la condena de prisión impuestas. Al otro acusado se le condena, como autor criminalmente responsable de un delito intentado de estafa, a las penas de 4 meses de prisión y multa de 2 meses y 1 día, a causa de los siguientes hechos:

1.º El acusado ha sido presidente de la comunidad de propietarios de un inmueble de la capital madrileña hasta mediados de febrero de 2008.

2.º Al concluir su mandato, con el fin de apropiarse del dinero perteneciente a la referida comunidad, se queda con varios talones que cumplimenta y firma como si aún ostentara el cargo de referencia.

3.º El acusado, con el objetivo de esconder su acción, ofrece a un tercero cobrar uno de los referidos talones, acudiendo este a la entidad bancaria con dicho objetivo y no consiguiendo su fin, dado que tales documentos mercantiles habían sido anulados con anterioridad, siendo inmediatamente detenido por la policía.

### || Fundamentos de derecho

Con posterioridad, la representación procesal de los acusados interpone recurso de casación por quebrantamiento de forma, infracción de ley y de preceptos constitucionales, siendo todos ellos desestimados por la juzgadora en casación, declarando, en relación con lo que nos ocupa, que, *«(...) nos hallamos, sin la menor duda, ante la falsedad de un documento mercantil, utilizado como medio engañoso para conseguir el cobro del importe contenido en el cheque, por lo que hemos de reconocer que la decisión del tribunal de instancia —al apreciar la existencia de un concurso medial del art. 77 CP— es plenamente ajustada a derecho».*

### || Resolución

Por consiguiente, el Tribunal Supremo declara que no ha lugar a los recursos de casación interpuestos por la representación legal de los acusados contra la referida sentencia de la Audiencia Provincial de Madrid.

## Delito de agresión sexual en concurso medial con un delito de allanamiento de morada

**Incursión en el domicilio de la víctima con el objetivo de agredirla sexualmente.**

**Sentencia del Tribunal Supremo n.º 1302/2011, de 29 de noviembre, ECLI:ES:TS:2011:8075**

### || Antecedentes de hecho

En fecha de 7 de junio de 2011, la Audiencia Provincial de Tarragona dicta sentencia mediante la que se condena al acusado, como autor de un delito de agresión sexual de los artículos 178 y 179 del Código Penal en concurso medial con un delito de allanamiento de morada del artículo 202.1 de la referida norma, a la pena de nueve años y un día de prisión, a la accesoria de inhabilitación especial para el derecho de sufragio pasivo durante el tiempo de condena y a la prohibición de aproximarse a la víctima a menos de 500 metros de su domicilio, lugar de trabajo o cualquier otro frecuentado por la misma y de comunicarse con ella por cualquier medio informático o telemático, contacto escrito, verbal o visual por tiempo de 14 años, basándose en los siguientes hechos:

1.º El acusado accede al domicilio de la víctima por medio de una de las ventanas de la terraza que, en ese momento, se encontraba abierta.

2.º En ese instante, la víctima se encontraba dormida y, con el fin de satisfacer sus impulsos sexuales, el acusado se abalanzó sobre la misma, tapándole la boca e indicándole que no le haría daño alguno si no gritaba.

3.º En el transcurso del incidente el acusado cogió a la víctima del pelo, llevándola hasta la cocina de la casa con el objetivo de localizar un mechero.

4.º Posteriormente, el acusado la llevó de nuevo por los pelos hasta el sofá con el fin de agredirla sexualmente, consumando finalmente tal agresión.

### || Fundamentos de derecho

La representación legal del acusado interpone recurso de casación por infracción de preceptos constitucionales, quebrantamiento de forma e infracción de ley alegando la absorción del delito de allanamiento de morada por el delito de agresión sexual, motivo que según la juzgadora de casación no puede prosperar, **al protegerse bienes jurídicos diferentes con entidad autónoma,** ya que:

> «(...) entre el allanamiento de morada y el delito de agresión sexual, existe un concurso medial de delitos, al constituir el allanamiento de morada el medio para la comisión del delito más grave que, en el presente supuesto, lo constituye el delito de agresión sexual, circunstancia que supondrá (...)».

## || Resolución

En suma, el Tribunal Supremo desestima el recurso de casación interpuesto por la representación legal del acusado contra la sentencia de la Audiencia Provincial de Tarragona, n.° 345/2011, de 7 de junio, ECLI:ES:APT:2011:984.

**A TENER EN CUENTA.** Las sentencias analizadas en el presente punto podrían contener referencias realizadas a versiones anteriores del Código Penal.

# 6.
# MOTIVACIÓN E INDIVIDUALIZACIÓN DE LA PENA

## Concepto y clases de penas

Según el *Diccionario del Español Jurídico* de la RAE, la **pena** tiene varias acepciones:

> «Consecuencia que el legislador asocia en la ley penal a la comisión de una infracción penal».
>
> «Privación o restricción de bienes o derechos impuesta por un órgano jurisdiccional a un sujeto culpable como consecuencia de la comisión de una infracción penal».
>
> «Clase de consecuencia jurídica o sanción que junto con el precepto o presupuesto conforma la norma penal».

Las penas se encuentran previstas en el título III de libro I del Código Penal, estableciendo su artículo 32 que las penas que se pueden imponer de conformidad con el Código Penal, bien sea de manera principal o accesoria, son las siguientes:

|| **Las penas privativas de libertad:**

- La prisión permanente revisable.
- La prisión.
- La localización permanente.
- La responsabilidad personal subsidiaria por impago de multa.

> **A TENER EN CUENTA.** El cumplimiento de las penas privativas de libertad y los beneficios penitenciarios que supongan acortamiento de la condena, se ajustarán a lo establecido en las leyes y en el Código Penal (artículo 35 del Código Penal).

### Las penas privativas de derechos (artículo 39 del Código Penal)

- La inhabilitación absoluta.
- Las de inhabilitación especial para empleo o cargo público, profesión, oficio, industria o comercio, u otras actividades, sean o no retribuidas, o de los derechos de patria potestad, tutela, guarda o curatela, tenencia de animales, derecho de sufragio pasivo o de cualquier otro derecho.
- La suspensión de empleo o cargo público.
- La privación del derecho a conducir vehículos a motor y ciclomotores.
- La privación del derecho a la tenencia y porte de armas.
- La privación del derecho a residir en determinados lugares o acudir a ellos.
- La prohibición de aproximarse a la víctima o a aquellos de sus familiares u otras personas que determine el juez o el tribunal.
- La prohibición de comunicarse con la víctima o con aquellos de sus familiares u otras personas que determine el juez o tribunal.
- Los trabajos en beneficio de la comunidad.
- La privación de la patria potestad.

### La multa

La pena de multa consistirá en la imposición al condenado de una sanción pecuniaria. Esta se impondrá por el sistema de días-multa, salvo que la ley disponga otra cosa (artículo 50.1 y 2 del Código Penal).

Conforme al apartado 6 del art. 50 del CP el tribunal, por causa justificada, podrá autorizar el pago de la multa dentro de un plazo que no exceda de dos años desde la firmeza de la sentencia, bien de una vez o en los plazos que se determinen, el impago de dos de estos plazos determinará el vencimiento de los restantes.

**CUESTIÓN**

**En función de su naturaleza y duración, ¿cómo se clasificarán las penas?**

De acuerdo con su naturaleza y duración, las penas serán:

- Graves.
- Menos graves.
- Leves.

Así, serán **penas graves** (artículo 33 del Código Penal, apartado 2):

- La prisión permanente revisable.
- La prisión superior a cinco años.
- La inhabilitación absoluta.
- Las inhabilitaciones especiales por tiempo superior a cinco años.
- La suspensión de empleo o cargo público por tiempo superior a cinco años.

- La privación del derecho a conducir vehículos a motor y ciclomotores por tiempo superior a ocho años.
- La privación del derecho a la tenencia y porte de armas por tiempo superior a ocho años.
- La privación del derecho a residir en determinados lugares o acudir a ellos, por tiempo superior a cinco años.
- La prohibición de aproximarse a la víctima o a aquellos de sus familiares u otras personas que determine el juez o tribunal, por tiempo superior a cinco años.
- La prohibición de comunicarse con la víctima o con aquellos de sus familiares u otras personas que determine el juez o tribunal, por tiempo superior a cinco años.
- La privación de la patria potestad.

Por otro lado, serán **penas menos graves** (artículo 33 del Código Penal, apartado 3):

- La prisión de tres meses hasta cinco años.
- Las inhabilitaciones especiales hasta cinco años.
- La suspensión de empleo o cargo público hasta cinco años.
- La privación del derecho a conducir vehículos a motor y ciclomotores de un año y un día a ocho años.
- La privación del derecho a la tenencia y porte de armas de un año y un día a ocho años.
- Inhabilitación especial para el ejercicio de profesión, oficio o comercio que tenga relación con los animales y para la tenencia de animales de un año y un día a cinco años.
- La privación del derecho a residir en determinados lugares o acudir a ellos, por tiempo de seis meses a cinco años.
- La prohibición de aproximarse a la víctima o a aquellos de sus familiares u otras personas que determine el juez o tribunal, por tiempo de seis meses a cinco años.
- La prohibición de comunicarse con la víctima o con aquellos de sus familiares u otras personas que determine el juez o tribunal, por tiempo de seis meses a cinco años.
- La multa de más de tres meses.
- La multa proporcional, cualquiera que fuese su cuantía, salvo lo dispuesto en el apartado 7 del artículo de referencia.
- Los trabajos en beneficio de la comunidad de treinta y un días a un año.

Además, serán **penas leves** (artículo 33 del Código Penal, apartado 4):

- La privación del derecho a conducir vehículos a motor y ciclomotores de tres meses a un año.
- La privación del derecho a la tenencia y porte de armas de tres meses a un año.
- Inhabilitación especial para el ejercicio de profesión, oficio o comercio que tenga relación con los animales y para la tenencia de animales de tres meses a un año.

- La privación del derecho a residir en determinados lugares o acudir a ellos, por tiempo inferior a seis meses.
- La prohibición de aproximarse a la víctima o a aquellos de sus familiares u otras personas que determine el juez o tribunal, por tiempo de un mes a menos de seis meses.
- La prohibición de comunicarse con la víctima o con aquellos de sus familiares u otras personas que determine el juez o tribunal, por tiempo de un mes a menos de seis meses.
- La multa de hasta tres meses.
- La localización permanente de un día a tres meses.
- Los trabajos en beneficio de la comunidad de uno a treinta días.

Por último, **no se reputarán penas** (artículo 34 del Código Penal):

- La detención y prisión preventiva y las demás medidas cautelares de naturaleza penal.
- Las multas y demás correcciones que, en uso de atribuciones gubernativas o disciplinarias, se impongan a los subordinados o administrados.
- Las privaciones de derechos y las sanciones reparadoras que establezcan las leyes civiles o administrativas.

# 6.1. La individualización de la pena

Conforme a la definición del Diccionario del Español Jurídico de la RAE la individualización de la pena consiste en el proceso de determinar la pena concretamente aplicable al culpable de una infracción penal en atención a las circunstancias personales del autor y a la mayor o menor gravedad del hecho.

Para entender las distintas fases que conforman este proceso de determinación debemos tener presentes tres conceptos: pena abstracta, pena concreta y pena exacta.

## Pena abstracta

Se refiere a la pena que el legislador establece para la conducta objeto de enjuiciamiento. En este caso para determinar la pena abstracta el órgano enjuiciador debe fijar el tipo penal de aplicación (tipo básico o cualquiera de los subtipos agravados o atenuados) que se establezca en el precepto o preceptos de aplicación teniendo en cuanta las circunstancias del caso concreto.

Para fijar la pena abstracta se ha de tener en cuenta la posibilidad de que exista concurso de normas o delitos, y en consecuencia aplicar la norma que corresponda en ese caso (por ejemplo: si tenemos un concurso medial de delitos determinamos la pena abstracta aplicando el apartado 3 del art. 77 del CP)

## Pena concreta

La pena concreta se refiere a la que determina el límite máximo y mínimo de pena que corresponde a la conducta concreta del autor del delito. Para su concreción se atiende:

- Al grado de ejecución: delito consumado, tentativa o actos preparatorios.
- El grado de participación: autor, cooperador necesario, cómplice, inductor.
- A las circunstancias modificativas: error —vencible o invencible—, circunstancias atenuantes o agravantes o eximentes.

## Pena exacta

Nos referimos a pena exacta cuando el órgano de enjuiciamiento fija la pena en la sentencia para el autor, y por tanto ya ha fijado la que estima conveniente dentro de los límite máximos y mínimos que se había precisado en la pena concreta. Esta pena debe ser motivada en la sentencia ya que es una valoración del propio juzgador que no está regida de manera estricta por las normas penales.

## Estudio jurisprudencial sobre la motivación e individualización de la pena

### || El deber de motivación de la pena

A tenor de lo dispuesto en el artículo 72 del Código Penal, **los jueces o tribunales, en la aplicación de la pena,** con arreglo a las normas establecidas en el capítulo II, título III del libro I de la norma de referencia, **razonarán en la sentencia el grado y extensión concreta de la impuesta.**

Tal y como dispone el **apartado tercero del artículo 120 de nuestra Carta Magna,** las sentencias serán siempre motivadas; en este sentido, el Tribunal Constitucional dispone en **STC n.º 21/2008, de 31 de enero, ECLI:ES:TC:2008:21** que el deber de motivación comprende la obligación de fundamentar los hechos, la calificación jurídica y la pena específica. En los mismos términos ha recogido el Tribunal Supremo este deber de motivar la pena en resoluciones como la STS n.º 627/2019, de 18 de diciembre, ECLI:ES:TS:2019:4342.

Asimismo, en relación con el deber de motivación de las resoluciones judiciales el mismo tribunal especifica que la referida norma constitucional deriva de las *«(...) exigencias de organización del Poder Judicial, como lo demuestra la colocación sistemática del art. 120.3, y expresa la relación de vinculación del juez con la ley y con el sistema de fuentes del Derecho dimanante de la Constitución. Mas expresa también un derecho del justiciable y el interés legítimo de la comunidad jurídica en general de conocer las razones de la decisión que se adopta y, por tanto, el enlace de esa decisión con la ley y el sistema general de fuentes, en cuanto aplicación de ellas que es»* **(STC n.º 13/1987, de 5 de febrero, ECLI:ES:TC:1987:13).**

Sin embargo, dicho deber de motivación no exige «*la conexión entre los arts. 24 y 120 no impone una especial estructura en el desarrollo de los razonamientos, y que una motivación escueta y concisa no deja, por ello, de ser tal motivación, así como que una fundamentación por remisión no deja tampoco de serlo, ni de satisfacer la indicada exigencia constitucional*» (**STC n.° 174/1987, de 3 de noviembre, ECLI:ES:TC:1987:174**).

## Casos de falta de motivación de la individualización de la pena

Según reiterada jurisprudencia, por todas la **STS n.° 871/2023, de 23 de noviembre, ECLI:ES:TS:2023:5305**, ante la ausencia de motivación de la individualización de la pena caben 3 posibles soluciones:

1.ª **La devolución de la sentencia a la juzgadora de instancia** para que dicte otra razonando lo que en la primera quedó irrazonado.

> «(...) que implica la nulidad parcial de la sentencia, tiene como limitación lo dispuesto en el art. 240.2 párrafo 2 LOPJ en la redacción dada por la LO. 19/2003 de 23.12 ("en ningún caso podrá el juez o tribunal, con ocasión de un recurso, decretar de oficio una nulidad de las actuaciones que no haya sido solicitada en dicho recurso, salvo que apreciare falta de jurisdicción o de competencia objetiva o funcional o se hubiese producido violencia o intimidación que afectare a ese tribunal")».

2.ª **La subsanación del defecto de motivación.** Esta posibilidad se da en el supuesto de que el órgano jurisdiccional de apelación le facilite en la sentencia de instancia los elementos necesarios para motivar la individualización de la pena, bien en la misma extensión fijada en la instancia, bien en otra que el órgano de apelación considere adecuada.

> «(...) es posible, cuando los elementos contenidos en la propia sentencia permitan al juzgador de apelación (o casación) hacer las valoraciones necesarias para la fijación concreta de la pena en cumplimiento de las reglas de los distintos apartados del art. 66 CP y demás aplicables a la penalidad del hecho delictivo enjuiciado».

3.ª **Imposición de la pena determinada legalmente en su extensión mínima.**

> «(...) procede únicamente y de forma excepcional cuando se haya intentado infructuosamente la subsanación en la omisión o ésta ya no sea posible y, además, de la sentencia no resulten elementos que permitan al juzgador ad quem la individualización de la pena».

## Revisión en casación de la individualización de la pena por la juzgadora de instancia

La **sala de lo penal del Tribunal Supremo** en sentencias como la **STS, n.° 146/2024, de 16 de febrero, ECLI:ES:TS:2024**, que la individualización de la pena realizada en la instancia es revisable en casación:

- En cuanto a la determinación de los grados a la que se refiere especialmente el art. 66 del CP.

- En cuanto afecta al empleo de criterios admisibles jurídico-constitucionalmente en la precisa determinación de la pena.

En el marco de la casación la cuestión de la cantidad de la pena solo puede ser planteada cuando el tribunal de instancia haya recurrido a fines de la pena inadmisibles, haya tenido en consideración factores de la individualización incorrectos o haya establecido una cantidad de pena manifiestamente arbitraria o desproporcionada.

A lo anterior el Alto Tribunal añade, «*En la medida en que se aleje del mínimo legal se hará más patente la necesidad de explicar fundadamente la razón de la pena que se impone, motivación que en su corrección es controlable en casación por la vía de la corriente infracción de ley. Sin embargo, su inexistencia no determina la nulidad de la sentencia con devolución para su explicación por el Tribunal de instancia, si dentro del marco de la fundamentación jurídica o concordancia fáctica de la sentencia existen elementos de donde se pueda deducir tal individualización, siquiera sea implícitamente (STS 791/2021, de 19 octubre; STS 712/2021, de 22 septiembre; STS 719/2017, de 31 de octubre; STS 605/2017, de 5 de septiembre)*».

# 6.2. Grado de ejecución de un delito en el Código Penal

## Delito consumado y la tentativa de delito

De conformidad con lo establecido en el artículo 15 del Código Penal, serán punibles tanto el **delito consumado como la tentativa de delito**.

En este sentido, se estimará que hay **tentativa de delito** cuando el sujeto da principio a la ejecución del delito directamente por hechos exteriores, practicando todos o parte de los actos que objetivamente deberían producir el resultado y, sin embargo, este no se produce por causas independientes de la voluntad del autor.

De acuerdo con la **STS n.º 671/2017, de 11 de octubre, ECLI:ES:TS:2017**, los elementos objetivos y subjetivos integradores de la tentativa de delito son:

a. En el **ámbito objetivo** de la tentativa de delito, se requiere:

> «(...) a) realización de «hechos exteriores», es decir no meramente internos; b) que implican comienzo de «directa» ejecución, es decir, no preparatorios, de un supuesto típicamente penal, buscado en el plan del autor y que suponen un riesgo para el bien jurídico que el tipo penal protege; c) que «objetivamente» esos actos son potencialmente causantes del resul-

tado del tipo, sin que baste, por tanto, la convicción subjetiva de la posibilidad de tal causación, si ex ante y objetivamente no podía ocurrir, y d) que ese resultado no se produzca».

b. En el **ámbito subjetivo** de la tentativa de delito, se exige:

«(...) una resolución en el autor referida a la consumación del delito, sin la cual no concurriría el tipo del injusto de la tentativa.

Ahora bien, a esos elementos ha de unirse un último requisito negativo: que el autor no haya evitado la consumación, porque en tal caso la responsabilidad penal, por la tentativa del hecho tipificado cuya ejecución dio comienzo, no sería exigible conforme a lo dispuesto en el artículo 16.2 del Código Penal».

**CUESTIÓN**

**¿En qué se diferencia la tentativa acabada e inacabada?**

El Tribunal Supremo en **STS n.º 38/2023, de 26 de enero, ECLI:ES:TS:2023:212,** señala que:

*«Para determinar la distinción entre la tentativa acabada e inacabada, según recuerdan las STS. 817/2007 de 15 de octubre y 703/2013, de 8 de octubre, se han manejado doctrinalmente dos teorías: una subjetiva, que pone el acento en el plan del autor, o sea, en el signo interno del propósito del mismo, conforme a la cual, si lo que el sujeto quería llevar a cabo era la total consumación del hecho, estaremos en presencia de una tentativa acabada; y otra, de características objetivas, que pone el punto de vista en la secuencia de actos verificada antes de la interrupción forzada del hecho, de modo que si se han practicado todos aquellos actos que debieran dar como resultado el delito, y éste no se produce en todas sus consecuencias por causas ajenas a la voluntad del culpable, es cuando estamos en presencia de la tentativa acabada.*

*La doctrina jurisprudencial sigue una teoría mixta, pues el plan del autor es necesario para tipificar la conducta realizada, distinguiéndola de otros tipos delictivos y para conocer las características internas de lo querido por el agente, y la objetivación de la actividad desplegada es necesaria para llegar a determinar el grado de ejecución alcanzado por el delito».*

## Desistimiento del delito intentado

En virtud del **apartado segundo del artículo 16 del Código Penal,** quedará exento de responsabilidad penal por el delito intentado quien evite voluntariamente la consumación del delito, desistiendo de la ejecución ya iniciada o impidiendo la producción del resultado, sin perjuicio de la responsabilidad en que pudiera haber incurrido por los actos ejecutados, si estos fueren ya constitutivos de otro delito.

Para nuestro Alto Tribunal, el artículo de referencia establece dos casos diversos de *«operatividad de la excusa absolutoria»,* señalando a este respecto la **STS n.º 862/2023, de 22 de noviembre, ECLI:ES:TS:2023:5163,** «*El desistimiento propiamente dicho, que consiste en el abandono por el agente* *de la acción delictiva ya iniciada, interrumpiendo o abandonando la progresión de la misma en un momento del iter criminis en que lo realizado no conlleva la producción del resultado. En segundo lugar, lo que se conoce como el desistimiento activo, el que se produce cuando la acción realizada tiene ya eficacia para producir el resultado dañoso contemplado por la norma penal (tentativa acabada), pero se evita real y eficazmente su acaecimiento, por una actividad positiva del propio agente. En todo caso, siempre se requiere la concurrencia de un aspecto subjetivo representado por la voluntad del sujeto de apartase libre y voluntariamente del hecho criminal, como expresión de una voluntad propia de retorno a la legalidad, único supuesto en el que se justifica el tratamiento privilegiado que el legislador contempla».*

**A TENER EN CUENTA.** Cuando en un hecho intervengan varios sujetos, quedarán exentos de responsabilidad penal aquél o aquéllos que desistan de la ejecución ya iniciada, e impidan o intenten impedir, seria, firme y decididamente la consumación, sin perjuicio de la responsabilidad en que pudieran haber incurrido por los actos ejecutados, si estos fueren ya constitutivos de otro delito (artículo 16.3 del Código Penal).

**CUESTIÓN**

**¿Qué se entiende por *iter criminis*?**

Según el *Diccionario del Español Jurídico* de la RAE, el *iter criminis* es el «conjunto de etapas que atraviesa la ejecución de un delito y que comprende tanto los actos que tienen lugar en la fase interna como los que se llevan a cabo en la fase externa».

**RESOLUCIONES RELEVANTES**

**Acuerdo del pleno no jurisdiccional del Tribunal Supremo de 15 de febrero de 2002**

*«La interpretación del artículo 16.2 CP que establece una excusa absolutoria incompleta, ha de ser sin duda exigente con respecto a la voluntariedad y eficacia de la conducta que detiene el "iter criminis", pero no se debe perder de vista la razón de política criminal que inspira, de forma que no hay inconveniente en admitir la existencia de la excusa absolutoria tanto cuando sea el propio autor el que directamente impide la consumación del delito, como cuando desencadena o provoca la actuación de terceros que son los que finalmente lo consiguen (es por ello que el hecho enjuiciado en la sentencia recurrida debe considerarse comprendido en el desistimiento activo definido en el art. 16.2 CP».*

## Conspiración, proposición y provocación para delinquir

1. **La conspiración existe cuando dos o más personas se conciertan para la ejecución de un delito y resuelven ejecutarlo** (artículo 17 del Código Penal, apartado 1).

«La conspiración existe, según la ley, "cuando dos o más personas se concierten para la ejecución de un delito y resuelven ejecutarlo" (art. 17.1.° CP). Nos hallamos, pues, ante la denominada "coautoría anticipada", en la que se prevé la intervención de todos los conspiradores en la realización material del hecho delictivo, sea cual fuere el cometido o la parte del plan acordado que les haya tocado ejecutar a cada uno de los concertados» **(STS n.º 515/2019, de 29 de octubre, ECLI:ES:TS:2019:3326)**.

2. **La proposición existe cuando el que ha resuelto cometer un delito invita a otra u otras personas a participar en él** (artículo 17 del Código Penal, apartado 2).

«Realmente se trata de una "inducción frustrada" o "tentativa de inducción". En los términos en que la describe la ley, no resulta claro afirmar si tiene o no que participar personalmente en el hecho proyectado el que realiza la propuesta, o por el contrario ésta debe realizarla materialmente el instigado o requerido sin necesidad de intervenir el proponente. Sobre el particular está dividida la doctrina y la jurisprudencia, según expone nuestra Sentencia 1994/2002, de 29 de noviembre, aunque no es éste el objeto de esta resolución judicial, por lo que a ella nos remitimos» **(STS n.º 149/2017, de 9 de marzo, ECLI:ES:TS:2017:847)**.

3. **La provocación existe cuando directamente se incita por medio de la imprenta, la radiodifusión o cualquier otro medio de eficacia semejante, que facilite la publicidad, o ante una concurrencia de personas, a la perpetración de un delito** (artículo 18 del Código Penal, apartado 1).

«La provocación, por su parte, "existe cuando directamente se incita por medio de la imprenta, la radiodifusión o cualquier otro medio de eficacia semejante, que facilite la publicidad, o ante una concurrencia de personas, a la perpetración del delito" (art. 18.1.º CP). Es obvio que en este caso, referido a una incitación intensa, de indudable amplitud y fuerza difusora, el provocador no pretende cometer el hecho delictivo, quedando al margen del mismo, en la esperanza de que el mensaje lanzado, pueda ser asumido por alguno de los indeterminados destinatarios» **(STS n.º 515/2019, de 29 de octubre, ECLI:ES:TS:2019:3326)**.

**CUESTIONES**

**1. A efectos del Código Penal, ¿qué se considera apología del delito?**

Es apología del delito la exposición, ante una concurrencia de personas o por cualquier medio de difusión, de ideas o doctrinas que ensalcen el crimen o enaltezcan a su autor. La apología sólo será delictiva como forma de provocación y si por su naturaleza y circunstancias constituye una incitación directa a cometer un delito (artículo 18.1 del Código Penal).

**2. ¿Cuándo se castigará la conspiración y la proposición para delinquir?**

La conspiración y la proposición para delinquir únicamente se castigarán en los casos especialmente determinados en la ley (artículo 17.3 del Código Penal).

**3. ¿Se castigará la provocación? y, en caso afirmativo, ¿cómo se sancionará?**

Sí, la provocación se castigará exclusivamente en los supuestos en que la ley así lo determine, ahora bien, si a la provocación hubiese seguido la perpetración del delito, se sancionará como inducción (artículo 18.2 del Código Penal).

# 6.3. Grado de participación en el delito

## Grado de participación en el delito de los autores de la infracción consumada o de la tentativa del mismo y de los cómplices

Según el artículo 61 del Código Penal, cuando la ley establece una pena, se entiende que la impone a los autores de la infracción consumada.

Sin embargo, para el caso de los **autores de la tentativa de delito y de los cómplices de un delito consumado o intentado,** la pena se impondrá del siguiente modo:

a. A los primeros se les impondrá la **pena inferior en uno o dos grados a la señalada por la ley para el delito consumado** en la extensión que se estime adecuada, atendiendo a dos parámetros normativos, que son:

- El peligro inherente al intento.
- El grado de ejecución alcanzado.

Como ejemplo de lo anterior, es interesante destacar un supuesto en el que «*Existió un peligro acentuado al utilizar una navaja de 9,5 centímetros de hoja, clavándola sucesiva e insistentemente en puntos vitales del cuerpo de la víctima, ocasionando heridas de tal gravedad que de no haber recibido urgente atención médico-quirúrgica hubiera producido la muerte. El empecinamiento y persistencia de la agresión hizo que fuera preciso usar de la intervención de terceros para conseguir el cese de la violencia. El nivel de ejecución y el medio empleado imponía claramente el descenso de la pena del delito intentado en un solo grado (art. 62 C.P) (...)*» (**STS n.º 384/2017, de 29 de mayo,** ECLI:ES:TS:2017:2232).

b. A los segundos se les impondrá **la pena inferior en grado a la fijada por la ley para los autores del mismo delito.**

> **A TENER EN CUENTA.** Las antedichas normas no serán de aplicación en los supuestos en que la tentativa y la complicidad se hallen especialmente penadas por la ley (artículo 64 del Código Penal).

**CUESTIÓN**

**¿Quiénes son considerados autores del delito?**

Son autores del delito (artículo 28 del CP):

- Quienes realizan el hecho por sí solos.
- Quienes realizan el hecho conjuntamente.
- Quienes realizan el hecho por medio de otro del que se sirven como instrumento.
- Quienes inducen directamente a otro u otros a ejecutarlo.
- Quienes cooperan a su ejecución con un acto sin el cual no se habría efectuado.

## ¿Cómo se calculará la pena superior e inferior en grado?

La pena superior e inferior en grado a la determinada por la ley para cualquier delito, tendrá la extensión resultante de la aplicación de las siguientes reglas establecidas en el artículo 70 del Código Penal, de modo que:

1.ª La pena superior en grado (artículo 70.1.1.º del Código Penal).

> «La pena superior en grado se formará partiendo de la cifra máxima señalada por la ley para el delito de que se trate y aumentando a ésta la mitad de su cuantía, constituyendo la suma resultante su límite máximo. El límite mínimo de la pena superior en grado será el máximo de la pena señalada por la ley para el delito de que se trate, incrementado en un día o en un día multa según la naturaleza de la pena a imponer».

**Es decir,**

- El **límite máximo** de la pena superior en grado será la suma resultante de:
  - La cifra máxima determinada por la ley para el delito concreto.
  - Sumando a la anterior cifra la mitad de su cuantía.
- El **límite mínimo** de la pena superior en grado será:
  - El límite máximo de la pena determinada por ley para el delito concreto.
  - Sumando un día o un día multa (atendiendo a la naturaleza de la pena a imponer).

Como ejemplo:

**a. Delito de homicidio** (artículo 138 del Código Penal, apartado 1): pena de 10 a 15 años de prisión.

- **Límite máximo**: 22,5 años (15 años + 7,5 años).
  - 15 años (pena máxima fijada por la ley).
  - 7,5 años (mitad de la cuantía de la cifra anterior).
- **Límite mínimo**: 15 años +1 día (15 años + 1 día).
  - 15 años (pena máxima determinada por la ley).
  - 1 día.
- **La pena superior en grado: 15 años y 1 día a 22,5 años de prisión (22 años y 6 meses de prisión).**

**b. Delito de inducción al suicidio** (artículo 143 del Código Penal, apartado 1): pena de 4 a 8 años de prisión.

- **Límite máximo**: 12 años (8 años + 4 años).
  - 8 años (pena máxima determinada por la ley).
  - 4 años (mitad de la cuantía de la cifra anterior).

- **Límite mínimo**: 8 años + 1 día (8 años + 1 día).
  - 8 años (pena máxima determinada por la ley).
  - 1 día.
- **La pena superior en grado: 8 años y 1 día a 12 años de prisión.**

c. **Delito de blanqueo de capitales** (artículo 298 del Código Penal, apartado 1): pena de 6 meses a 2 años de prisión.

- **Límite máximo**: 3 años (2 años + 1 año).
  - 2 años (pena máxima determinada por la ley).
  - 1 año (mitad de la cuantía de la cifra anterior).
- **Límite mínimo**: 2 años +1 día (2 años + 1 día).
  - 2 años (pena máxima determinada por la ley).
  - 1 día.
- **La pena superior en grado: 2 años y 1 día a 3 años de prisión.**

**2.ª La pena inferior en grado (artículo 70.1.2.º del Código Penal)**

> «La pena inferior en grado se formará partiendo de la cifra mínima señalada para el delito de que se trate y deduciendo de ésta la mitad de su cuantía, constituyendo el resultado de tal deducción su límite mínimo. El límite máximo de la pena inferior en grado será el mínimo de la pena señalada por la ley para el delito de que se trate, reducido en un día o en un día multa según la naturaleza de la pena a imponer».

En síntesis:

- El **límite mínimo** de la pena inferior en grado será la suma resultante de:
  - La cifra mínima determinada para el delito concreto.
  - Deduciendo a la anterior cifra la mitad de su cuantía.
- El **límite máximo** de la pena inferior en grado será:
  - El límite mínimo de la pena fijada por la ley para el delito concreto.
  - Reduciendo en un día o en día multa (atendiendo a la naturaleza de la pena a imponer).

Por ejemplo:

a. **Delito de homicidio** (artículo 138.1 del Código Penal): pena de 10 a 15 años de prisión.

- **Límite mínimo:** 5 años (10 años - 5 años).
  - 10 años (pena mínima determinada por la ley).
  - 5 años (mitad de la cuantía de la cifra anterior).

- **Límite máximo:** 10 años - 1 día (10 años - 1 día).
  - 10 años (pena mínima determinada por la ley).
  - 1 día.
- **La pena inferior en grado: 5 años a 10 años -1 día de prisión.**

b. **Delito de inducción al suicidio** (artículo 143.1 del Código Penal): pena de 4 a 8 años de prisión.

- **Límite mínimo**: 2 años (4 años - 2 años).
  - 4 años (pena mínima determinada por la ley).
  - 2 años (mitad de la cuantía de la cifra anterior).
- **Límite máximo**: 4 años - 1 día (4 años - 1 día).
  - 4 años (pena mínima determinada por la ley).
  - 1 día.
- **La pena inferior en grado: 2 años a 4 años -1 día de prisión.**

c. **Delito de blanqueo de capitales** (artículo 298.1 del Código Penal): pena de 6 meses a 2 años de prisión.

- **Límite mínimo:** 3 meses (6 meses - 3 meses).
  - 6 meses (pena mínima determinada por la ley).
  - 3 meses (mitad de la cuantía de la cifra anterior).
- **Límite máximo:** 6 meses - 1 día (6 meses -1 día).
  - 6 meses (pena mínima determinada por la ley).
  - 1 día.
- **La pena inferior en grado: 3 meses a 6 meses - 1 días de prisión.**

**A TENER EN CUENTA.** Para determinar la mitad superior o inferior de la pena o de concretar la pena inferior o superior en grado, el día o el día multa se estimarán indivisibles y actuarán como unidades penológicas de más o menos, según los casos (artículo 70.2 del Código Penal).

**CUESTIONES**

**1. Si cuando se aplique la regla 1.ª del apartado primero del artículo de referencia, la pena superior en grado exceda de los límites máximos determinados para cada pena en el Código Penal, ¿cuáles se estimarán como inmediatamente superiores?**

Según el apartado tercero del artículo 70 del texto legal que nos ocupa, si la pena determinada fuera:

a. Pena de prisión: la misma pena con la cláusula de que su duración máxima será de 30 años.

b. Pena de inhabilitación absoluta o especial: la misma pena con la cláusula de que su duración máxima será de 30 años.

c. Pena de suspensión de empleo o cargo público: la misma pena, con la cláusula de que su duración máxima será de ocho años.

d. Pena de privación del derecho a conducir vehículos a motor y ciclomotores: la misma pena con la cláusula de que su duración máxima será de 15 años.

e. Pena de privación del derecho a la tenencia y porte de armas: la misma pena con la cláusula de que su duración máxima será de 20 años.

f. Pena de privación del derecho a residir en determinados lugares o acudir a ellos: la misma pena con la cláusula de que su duración máxima será de 20 años.

g. Pena de prohibición de aproximarse a la víctima o a aquellos de sus familiares u otras personas que determine el juez o tribunal: la misma pena con la cláusula de que su duración máxima será de 20 años.

h. Pena de prohibición de comunicarse con la víctima o con aquellos de sus familiares u otras personas que determine el juez o tribunal: la misma pena con la cláusula de que su duración máxima será de 20 años.

i. Pena multa: la misma pena, con la cláusula de que su duración máxima será de 30 meses. Tratándose de multa proporcional debe atenderse al **Acuerdo del pleno de la sala segunda del Tribunal Supremo, de 22 de julio de 2008.**

**2. ¿Cuál será la pena inferior en grado a la de prisión permanente?**

La pena inferior en grado a la de prisión permanente es la pena de prisión de veinte a treinta años (artículo 70.4 del Código Penal).

**3. ¿Quedarán los jueces o tribunales limitados por las cuantías mínimas determinadas en la ley para cada tipo de pena?**

No, el art. 71 del CP señala que, en la fijación de la pena inferior en grado, los jueces o tribunales no quedarán limitados por las cuantías mínimas determinadas en la ley a cada clase de pena, sino que podrán reducirlas en la forma que resulte de la aplicación de la regla correspondiente.

Sin embargo, cuando por aplicación de las antedichas reglas proceda imponer una pena de prisión inferior a 3 meses, esta será en todo caso sustituida por:

- Multa.
- TBC.
- Localización permanente.

Aunque la ley no contemple dichas penas para el delito de que se trate sustituyéndose cada día de prisión por:

- 2 cuotas de multa.
- 1 jornada de TBC.
- 1 de localización permanente.

# 6.4. Aplicación de las circunstancias agravantes y atenuantes reguladas en el Código Penal

De acuerdo con lo establecido en el **artículo 21 del Código Penal** son circunstancias atenuantes:

- Las causas expresadas en el capítulo II, título I del libro I del Código Penal, cuando no concurrieren todos los requisitos necesarios para eximir de responsabilidad en sus respectivos casos.
- La de actuar el culpable a causa de su grave adicción a las sustancias mencionadas en el número 2.° del artículo 20 del Código Penal.
- La de obrar por causas o estímulos tan poderosos que hayan producido arrebato, obcecación u otro estado pasional de entidad semejante.
- La de haber procedido el culpable, antes de conocer que el procedimiento judicial se dirige contra él, a confesar la infracción a las autoridades.
- La de haber procedido el culpable a reparar el daño ocasionado a la víctima, o disminuir sus efectos, en cualquier momento del procedimiento y con anterioridad a la celebración del acto del juicio oral.
- La dilación extraordinaria e indebida en la tramitación del procedimiento, siempre que no sea atribuible al propio inculpado y que no guarde proporción con la complejidad de la causa.
- Cualquier otra circunstancia de análoga significación que las anteriores.

**A TENER EN CUENTA.** En los supuestos regulados en la primera circunstancia del artículo de referencia, los jueces o tribunales impondrán la pena inferior en uno o dos grados a la determinada por la ley, atendidos el número y la entidad de los requisitos que falten o concurran, y las circunstancias personales de su autor, sin perjuicio de la aplicación del artículo 66 del Código Penal (art. 68 del CP).

**CUESTIÓN**

**¿Qué causas se estipulan en el capítulo II, título I del libro I del Código Penal?**

Las causas que **eximen de la responsabilidad criminal** vienen reguladas en los artículos 19 y 20 del Código Penal, así:

a. No serán responsables criminalmente de acuerdo con el Código Penal los menores de 18 años, sin embargo, podrán ser responsables con arreglo a lo establecido en la **LO 5/2000, de 12 de enero, reguladora de la responsabilidad penal de los menores.**

b. Estarán exentos de responsabilidad criminal los que:

- Al tiempo de cometer la infracción penal, a causa de cualquier anomalía o alteración psíquica, no pueda comprender la ilicitud del hecho o actuar conforme a esa comprensión (el trastorno mental transitorio no eximirá de pena cuando hubiese sido provocado por el sujeto con el propósito de cometer el delito o hubiera previsto o debido prever su comisión).

- El que al tiempo de cometer la infracción penal se halle en estado de intoxicación plena por el consumo de bebidas alcohólicas, drogas tóxicas, estupefacientes, sustancias psicotrópicas u otras que produzcan efectos análogos, siempre que no haya sido buscado con el propósito de cometerla o no se hubiese previsto o debido prever su comisión, o se halle bajo la influencia de un síndrome de abstinencia, a causa de su dependencia de tales sustancias, que le impida comprender la ilicitud del hecho o actuar conforme a esa comprensión.
- El que, por sufrir alteraciones en la percepción desde el nacimiento o desde la infancia, tenga alterada gravemente la conciencia de la realidad.
- El que obre en defensa de la persona o derechos propios o ajenos, siempre que concurran los requisitos siguientes:
  - » Agresión ilegítima.
    - En caso de defensa de los bienes se reputará agresión ilegítima el ataque a los mismos que constituya delito y los ponga en grave peligro de deterioro o pérdida inminentes.
    - En caso de defensa de la morada o sus dependencias, se reputará agresión ilegítima la entrada indebida en aquélla o éstas.
  - » Necesidad racional del medio empleado para impedirla o repelerla.
  - » Falta de provocación suficiente por parte del defensor.
- El que, en estado de necesidad, para evitar un mal propio o ajeno lesione un bien jurídico de otra persona o infrinja un deber, siempre que concurran los siguientes requisitos:
  - » Que el mal causado no sea mayor que el que se trate de evitar.
  - » Que la situación de necesidad no haya sido provocada intencionadamente por el sujeto.
  - » Que el necesitado no tenga, por su oficio o cargo, obligación de sacrificarse.
- El que obre impulsado por miedo insuperable.
- El que obre en cumplimiento de un deber o en el ejercicio legítimo de un derecho, oficio o cargo.

No obstante, en los tres primeros casos se aplicarán, en su caso, las medidas de seguridad establecidas en el Código Penal.

A tenor de lo dispuesto en el **artículo 22 del Código Penal** son **circunstancias agravantes**:

- Ejecutar el hecho con alevosía. Hay alevosía cuando el culpable comete cualquiera de los delitos contra las personas empleando en la ejecución medios, modos o formas que tiendan directa o especialmente a asegurarla, sin el riesgo que para su persona pudiera proceder de la defensa por parte del ofendido.
- Ejecutar el hecho mediante disfraz, con abuso de superioridad o aprovechando las circunstancias de lugar, tiempo o auxilio de otras personas que debiliten la defensa del ofendido o faciliten la impunidad del delincuente.

- Ejecutar el hecho mediante precio, recompensa o promesa.
- Cometer el delito por motivos racistas, antisemitas, antigitanos u otra clase de discriminación referente a la ideología, religión o creencias de la víctima, la etnia, raza o nación a la que pertenezca, su sexo, edad, orientación o identidad sexual o de género, razones de género, de aporofobia o de exclusión social, la enfermedad que padezca o su discapacidad, con independencia de que tales condiciones o circunstancias concurran efectivamente en la persona sobre la que recaiga la conducta.
- Aumentar deliberada e inhumanamente el sufrimiento de la víctima, causando a ésta padecimientos innecesarios para la ejecución del delito.
- Obrar con abuso de confianza.
- Prevalerse del carácter público que tenga el culpable.
- Ser reincidente. Hay reincidencia cuando, al delinquir, el culpable haya sido condenado ejecutoriamente por un delito comprendido en el mismo título del CP, siempre que sea de la misma naturaleza.

## Aplicación de las circunstancias agravantes o atenuantes en la determinación de la pena

De acuerdo con el **apartado primero y segundo del artículo 65 del Código Penal**, las circunstancias agravantes o atenuantes que consistan en:

a. Cualquier causa de naturaleza personal agravarán o atenuarán la responsabilidad sólo de aquéllos en quienes concurran.

b. La ejecución material del hecho o en los medios empleados para realizarla, servirán únicamente para agravar o atenuar la responsabilidad de los que hayan tenido conocimiento de ellas en el momento de la acción o de su cooperación para el delito.

No obstante, cuando en el inductor o en el cooperador necesario no concurran las condiciones, cualidades o relaciones personales que fundamentan la culpabilidad del autor, los jueces o tribunales podrán imponer la pena inferior en grado a la señalada por la ley para la infracción de que se trate.

*Contrario sensu,* podemos mencionar un supuesto en el que se condena a una persona como cooperadora necesaria por comisión por omisión de dos delitos de abusos sexuales continuados con acceso carnal realizado por otro de los acusados, conductas delictivas en las que no es necesario que confluyan en el autor las condiciones, cualidades o relaciones personales en las que se base la culpabilidad (**STS n.º 17/2017, de 20 de enero, ECLI:ES:TS:2017:87**).

Además, a la hora de aplicar la pena, tratándose de delitos dolosos, los jueces o tribunales observarán, según existan o no circunstancias atenuantes o agravantes, las reglas siguientes:

- Cuando concurra solo **una circunstancia atenuante**: aplicarán la **pena en la mitad inferior** de la que determine la ley para el delito.

- Cuando concurran **dos o más circunstancias atenuantes**, o **una o varias muy cualificadas**, y no concurra agravante alguna: **aplicarán la pena inferior en uno o dos grados** a la dispuesta por la ley, atendidos el número y la entidad de dichas circunstancias atenuantes.
- Cuando concurra solo **una o dos circunstancias agravantes: aplicarán la pena en la mitad superior** de la que establezca la ley para el delito.
- Cuando concurran más de **dos circunstancias agravantes y no concurra atenuante alguna: podrán aplicar la pena superior en grado** a la fijada por la ley, en su mitad inferior.
- Cuando concurra la **circunstancia agravante de reincidencia** con la cualificación de que el culpable al delinquir hubiera sido condenado ejecutoriamente, al menos, por tres delitos comprendidos en el mismo título del Código Penal, siempre que sean de la misma naturaleza: **podrán aplicar la pena superior en grado** a la dispuesta por la ley para el delito de que se trate, considerando tanto las condenas precedentes como la gravedad del nuevo delito cometido (no se computarán los antecedentes penales cancelados o que debieran serlo).
- Cuando **no concurran atenuantes ni agravantes: aplicarán la pena establecida por la ley para el delito cometido, en la extensión que estimen adecuada**, en atención a:
  - Las circunstancias personales del delincuente.
  - La mayor o menor gravedad del hecho.
- Cuando **concurran atenuantes y agravantes**, las valorarán y compensarán racionalmente para la individualización de la pena, así en el caso de:
  - Persistir un fundamento cualificado de **atenuación: aplicarán la pena inferior en grado**.
  - Mantenerse un fundamento cualificado de **agravación: aplicarán la pena en su mitad superior.**
- Cuando los jueces o tribunales apliquen la pena inferior en más de un grado podrán hacerlo en toda su extensión.

En la aplicación de atenuantes y agravantes en los casos de que el hecho sea cometido por dos o más personas, se plantea el problema de la comunicabilidad de las circunstancias a los partícipes en quienes no concurre directamente la circunstancia que agrava o atenúa la responsabilidad. Para poder entender esta figura de la comunicabilidad, expondremos un ejemplo en el que dos sujetos cometen un robo en el que uno de ellos emplea disfraz —lo que actúa como circunstancia agravante— y el otro no; pues bien, en este supuesto, la **STS, n.º 255/2020, de 28 de mayo, ECLI:ES:TS:2020:2095**, declara lo siguiente:

> «En este caso, podemos distinguir a su vez:
>
> 1) Que se utilice el disfraz para facilitar la ejecución del delito. Por ejemplo, vistiéndose con traje de sacerdote o uniforme de policía, como mecanismos aptos para confiar, sorprender y confundir, a las posibles víctimas del delito. En este caso, debe alcanzar la agravación al que no lleva el disfraz, porque forma parte del proyecto criminal y se beneficia de su uso.

2) Que la utilización tenga por objeto ocultar la identidad, con miras a la impunidad. Este uso y finalidad será la más normal y frecuente, dentro de la sociología criminal. En este supuesto habremos de distinguir:

a) Que se beneficie el que no porta el disfraz. Por ejemplo, si queda uno de los partícipes dentro de un coche en funciones de vigilancia y presto a emprender la huida. También debe alcanzarle la agravación, pues él no identificar a un delincuente, favorece el anonimato del consorte delictivo. No lleva disfraz, pero no interviene en la materialización del delito, en contacto, con las víctimas y eventuales testigos, salvaguardando su identidad.

b) Que no se beneficie del disfraz el que no lo lleva. En este caso, si en la escena del delito, aparece uno con disfraz y otro sin él, no debe alcanzar la agravación a quien no lo lleva, si ambos tienen las mismas posibilidades de ser identificados. Cabría plantearse la hipótesis del beneficio indirecto del disfraz utilizado por otro, cuando el que está disfrazado es un conocido del lugar donde se comete el hecho, y su acompañante un forastero, En este excepcional supuesto podría alcanzarle la agravación.

3) Que tenga tanto la finalidad de facilitar la ejecución, como ocultar la identidad. En este supuesto, por el beneficio que le supondría por el primer aspecto, debería comunicarse la agravación».

**A TENER EN CUENTA.** En los delitos leves y en los delitos imprudentes, los jueces o tribunales aplicarán las penas a su prudente arbitrio, sin sujetarse a las reglas establecidas con anterioridad (artículo 66.2 del Código Penal).

**CUESTIÓN**

**En relación con lo anterior ¿cómo se aplicarán las penas impuestas a las personas jurídicas?**

De conformidad con el artículo 66 bis del Código Penal, se estará a lo establecido en las reglas 1.ª a 4.ª y 6.ª a 8.ª del apartado primero del artículo 66 del Código Penal, así como lo dispuesto en las siguientes:

1. En los casos en los que vengan dispuestas por las disposiciones del libro segundo del Código Penal, para decidir sobre la imposición y la extensión de las penas establecidas en las letras b) a g) del apartado 7 del artículo 33 de la norma legal de referencia se considerarán las siguientes circunstancias:

- Necesidad para evitar la continuidad delictiva (o sus efectos).
- Consecuencias económicas y sociales (especialmente para los trabajadores).
- Lugar que ocupa la persona física (u órgano que incumplió el deber de control) en la estructura de la persona jurídica.

2. Cuando las penas establecidas en las letras c) a g) del apartado 7 del artículo 33 del Código Penal se impongan con una duración limitada, ésta no podrá exceder la duración máxima de la pena privativa de libertad prevista para el caso de que el delito fuera cometido por persona física.

Asimismo, para la imposición de las sanciones previstas en las letras c) a g) por un plazo superior a dos años será necesario que se dé alguna de las dos circunstancias siguientes:

- Reincidencia de la persona jurídica.
- Utilización instrumental para la realización de ilícitos penales (la actividad legal de la persona jurídica sea menos relevante que su actividad ilegal).

3. Cuando la responsabilidad de la persona jurídica, en los casos establecidos en la letra b) del apartado 1 del artículo 31 bis del Código Penal, derive de un incumplimiento de los deberes de supervisión, vigilancia y control que no tenga carácter grave, estas penas tendrán en todo caso una duración máxima de dos años.

4. Para la imposición con carácter permanente de las sanciones previstas en las letras b) y e), y para la imposición por un plazo superior a cinco años de las reguladas en las letras e) y f) del apartado 7 del artículo 33 del Código Penal, será necesario que se dé alguna de las dos circunstancias que siguen:

- Supuesto de hecho regulado en la regla 5.ª del apartado 1 del artículo 66 del Código Penal.
- Utilización instrumental para la comisión de ilícitos penales (la actividad legal de la persona jurídica sea menos relevante que su actividad ilegal).

## ¿Cómo se calculará la mitad superior de la pena? ¿Y la mitad inferior?

Según el *Diccionario del Español Jurídico* de la RAE:

- La mitad superior de la pena es la *«extensión de la pena que va desde la mitad hasta el límite máximo del marco penal»*.
- La mitad inferior de la pena es la *«extensión de la pena que va desde el límite mínimo hasta la mitad del marco penal»*.

A título ilustrativo podemos enumerar los siguientes ejemplos:

a. Delito de homicidio (artículo 138.1 del Código Penal): pena de 10 a 15 años de prisión.

- Mitad superior: 12, 5 años (12 años y 6 meses) + 1 a 15 años de prisión.
- Mitad inferior: 10 años a 12, 5 años (12 años y 6 meses) - 1 de prisión.

Cálculos:

| Mitad inferior | -1 día + 1 día | Mitad superior |
|---|---|---|
| 10 años | 12,5 años | 15 años |
| 10 años + 15 años: 25 años | | |
| 25 años/2: 12,5 años (12 años y 6 meses) | | |

b. Delito de inducción al suicidio (artículo 143.1 del Código Penal): pena de 4 a 8 años de prisión.

- Mitad superior: 6 años + 1 día a 8 años de prisión.
- Mitad inferior: 4 años a 6 años -1 día de prisión.

Cálculos:

| Mitad inferior | -1 día + 1 día | Mitad superior |
|---|---|---|
| 4 años | 6 años | 8 años |
| 4 años + 8 años: 12 años | | |
| 12 años/2: 6 años | | |

c. Delito de blanqueo de capitales (artículo 298.1 del Código Penal): pena de 6 meses a 2 años de prisión.

- Mitad superior: 1 año 3 meses + 1 día a 2 años de prisión.
- Mitad inferior: 6 meses a 1 año 3 meses -1 de prisión.

Cálculos:

| Mitad inferior | -1 día + 1 día | Mitad superior |
|---|---|---|
| 6 años | 1 año 3 meses | 2 años |
| 6 meses + 2 años (24 meses): 30 meses | | |
| 30 meses/2: 15 meses (1 año y 3 meses) | | |

# ANEXO I.
## CASOS PRÁCTICOS

## Caso práctico | La detención ilegal en un delito de robo, ¿es siempre absorbida por éste o puede penarse como concurso medial?

### PLANTEAMIENTO

**Tres personas se concertaron para cometer un robo en una vivienda habitada. Para llevar a cabo el robo, forzaron la puerta, ataron a la víctima de pies y manos, inmovilizándola, y la amordazaron tapándole la boca para impedirle pedir auxilio. Una vez registraron la casa, los acusados abandonaron la vivienda llevándose todo lo que había de valor y dejando atada a la víctima, quien fue encontrada 6 horas más tarde.**

**En este caso, la detención ilegal ¿queda absorbida por el delito de robo o puede penarse en concurso medial con éste?**

### RESPUESTA

Es claro que en cualquier delito de robo con violencia o intimidación se ocasiona una limitación de la libertad deambulatoria del ofendido, ya que mientras se lleva a cabo la acción típica no se le permite actuar con libertad. Es por ello que la jurisprudencia ha definido que, cuando la privación de la libertad deambulatoria se produce en la ejecución de un delito de esta naturaleza, se entiende que existe un concurso de normas y, por tanto, la absorción de la detención ilegal por el delito de robo violento. Para que esta absorción sea posible, la privación de libertad ha de ser un instrumento necesario y proporcionado para alcanzar el objetivo apropiatorio (**STS n.º 739/2018, de 6 de febrero de 2019, ECLI:ES:TS:2019:353**).

Ahora bien, cuando la privación de libertad supera esos límites temporales o de potencia necesarios para la comisión del delito, de forma que afecte de manera relevante al bien jurídico protegido en el delito de detención ilegal, nos encontraremos ante una situación de detención ilegal.

En el supuesto que se ha expuesto no puede entenderse que la detención ilegal pueda ser absorbida por el delito robo ya que la duración (estuvo retenida durante el robo y 6 horas más) y la intensidad (ya que estaba maniatada y amordazada) no permite entender que fuera meramente consustancial a la ejecución de los actos depredatorios, pues la privación de libertad comprometió de forma significativa y diferenciable la libertad ambulatoria de la víctima. Así lo entendió el Tribunal Supremo en la **sentencia n.º 64/2024, de 24 de enero, ECLI:ES:TS:2024:565**, en la que resuelve un caso similar al expuesto y en el que avala la consideración de las instancias de que el hecho debe ser castigado como delito de robo en concurso medial con detención ilegal.

# Caso práctico | ¿Puede considerarse un delito continuado, aunque los hechos incluyan acciones constitutivas de distintos tipos delictivos?

## PLANTEAMIENTO

«A» ha llevado a cabo distintas acciones que se pueden encuadrar como estafa y como apropiación indebida. ¿Puede considerarse como un delito continuado de estafa y apropiación indebida o, al tratarse de distintos delitos, deben de penarse por separado sin apreciar la continuidad?

## RESPUESTA

Nuestros tribunales han entendido en distintas ocasiones que para poder penar una conducta como continuada no es necesario que las acciones se tipifiquen todas como el mismo delito, sino que es suficiente con que estemos ante delitos de igual o semejante naturaleza.

El punto de partida para dar respuesta a este supuesto lo encontramos en el apartado 1 del art. 74 del Código Penal, que dispone que:

> «No obstante lo dispuesto en el artículo anterior, el que, en ejecución de un plan preconcebido o aprovechando idéntica ocasión, realice una pluralidad de acciones u omisiones que ofendan a uno o varios sujetos e infrinjan el mismo precepto penal o preceptos de igual o semejante naturaleza, será castigado como autor de un delito o falta continuados con la pena señalada para la infracción más grave, que se impondrá en su mitad superior, pudiendo llegar hasta la mitad inferior de la pena superior en grado».

En este sentido la **sentencia del Tribunal Supremo n.° 207/2022, de 9 de marzo, ECLI:ES:TS:2022:904**, ha señalado que:

> «No es preciso, pues, que las distintas acciones sean constitutivas de un mismo delito, sino que basta con que se trate de delitos de igual o semejante naturaleza, y qué duda cabe que la apropiación indebida y la estafa lo son, y basta para ello con remitirnos al propio Código Penal, que, dentro de su Título XIII, en su Capítulo VI, 'de las defraudaciones', incluye a ambas, en la Sección 1ª a la estafa y en la actual 2ª bis (2ª antes de la reforma de 2015) a la apropiación indebida. Estamos, pues, ante dos tipos de defraudación».

Además, recuerda el TS que ya en su **sentencia n.° 209/2018, de 3 de mayo, ECLI:ES:TS:2018:1606** decía que *«(...) no es rechazable de forma tajante apriorística y absoluta que la estafa y la apropiación indebida puedan ser consideradas infracciones de naturaleza semejante a los efectos de la continuidad delictiva (art. 74 CP). Esa reflexión nos permite en beneficio del reo aglutinar las infracciones objeto de condena en un único delito continuado de estafa y apropiación indebida (...)»*

Concluye el Alto Tribunal que:

> «(...) el condenado despliega su plan defraudatorio mediante un delito de apropiación indebida y otro de estafa, que, por lo tanto, dará lugar a la condena por una sola pena, al ser apreciados ambos en régimen de continuidad delictiva, lo que, en definitiva, conlleva una estimación parcial del recurso, aun cuando no sea por razones expuestas por el recurrente».

## Caso práctico | ¿Puede condenarse a un cooperador necesario en un delito de insolvencia punible no teniendo la condición de deudor?

### PLANTEAMIENTO

X es el administrador de FGH, empresa que alcanza una situación de insolvencia. Conocedor de su obligación de declarar un concurso, X cesa formalmente en el cargo de administrador para nombrar a Z en su lugar. Sin embargo, ambos acuerdan que X continúe ejerciendo el control material de FGH.

Con el fin de eludir una posible ejecución de los activos de FGH, X y Z instrumentalizan la empresa CVB, a través de la que continúan, por vía de hecho, la actividad de FGH. La continuación de la actividad a través de CVB lleva al cese de actividad de FGH.

Finalmente se declara el concurso de FGH, pero previamente, para eludir su posible responsabilidad personal, X transfiere la mayor parte de activos que figuran a su nombre en favor de una sociedad patrimonial, a sabiendas de que con ello dificultará un eventual proceso de ejecución.

Por todos estos hechos se condena a X por delito de insolvencia punible. ¿Puede condenarse a Z por el delito de insolvencia punible aun cuando no concurre en él la cualidad de deudor?

### RESPUESTA

El delito de insolvencia punible solo puede ser cometido por quien sea deudor, tal como describe el art. 259 del CP. No obstante, es claro que los actos que han dado origen la conducta típica no se podrían haber llevado a cabo sin intervención de Z.

En este caso resulta de aplicación el art. 65.3 del CP, que señala lo siguiente:

> «Cuando en el inductor o en el cooperador necesario no concurran las condiciones, cualidades o relaciones personales que fundamentan la culpabilidad del autor, los jueces o tribunales podrán imponer la pena inferior en grado a la señalada por la ley para la infracción de que se trate».

La posibilidad de que Z resulte condenada como cooperadora necesaria viene amparada por la jurisprudencia del Alto Tribunal pues, en relación con un caso similar, la **STS n.º 495/2023, de 22 de junio, ECLI:ES:TS:2023:2901** dispone que:

> «La jurisprudencia de esta Sala afirma que el art. 65.3 prevé una atenuación de carácter facultativo para aquellos extraneus partícipes en delitos especiales propios. El fundamento de la atenuación aparece íntimamente ligado al principio de proporcionalidad. En la medida en que el contenido y la intensidad del injusto en la acción del extraneus que interviene en un delito de esta naturaleza es, por definición, menor que el predicable de la acción del intraneus. El legis-

> lador toma en consideración el hecho incuestionable de que el extraneus no infringe -no puede infringir- el deber jurídico especial que pesa sobre el intraneus (STS 693/2019, de 29 de abril).
>
> Por ello, la incorporación a nuestro Código del párrafo 3º del art. 65 CP, permite responsabilizar a aquellas personas que por ausencia de las condiciones necesarias para ser sujeto activo, llevan a cabo actuaciones de inducción o cooperación necesaria en concierto con un sujeto activo típico, esto es, el que reúne las condiciones o exigencias previstas en la Ley (STS 446/2017, de 21 de junio)».

Debemos señalar que la degradación de la pena es facultativa, por lo que el juez no está obligado a su aplicación. Ahora bien, en la sentencia referenciada, el Alto Tribunal señala que, en caso de aplicar la degradación, el juez debe explicar de forma motivada la concurrencia de razones añadidas que desplieguen mayor intensidad frente a la aconsejada rebaja de pena derivada de la condición de tercero del partícipe.

## Caso práctico | En el incidente de acumulación de condenas, ¿es necesaria la intervención letrada?

### PLANTEAMIENTO

¿En qué consiste el incidente de acumulación de condenas? ¿Es necesario estar asistido por abogado?

### RESPUESTA

La refundición de condenas supone la aplicación a las penas de los límites establecidos en el **art. 76 de Código Penal**, cuando el culpable de varias infracciones penales haya sido condenado en distintos procesos por delitos conexos. Viene recogida en el párrafo tercero del **art. 988 de la Ley de Enjuiciamiento Criminal**, en los siguientes términos:

> «**Cuando el culpable de varias infracciones penales haya sido condenado en distintos procesos por hechos que pudieron ser objeto de uno solo**, conforme a lo previsto en el artículo 17 de esta Ley, **el Juez o Tribunal que hubiera dictado la última sentencia, de oficio, a instancia del Ministerio Fiscal o del condenado, procederá a fijar el límite del cumplimiento de las penas impuestas conforme a lo dispuesto en el artículo 76 del Código Penal**. Para ello, **el Secretario judicial reclamará la hoja histórico-penal del Registro central de penados y rebeldes y testimonio de las sentencias condenatorias y previo dictamen del Ministerio Fiscal, cuando no sea el solicitante, el Juez o Tribunal dictará auto en el que se relacionarán todas las penas impuestas al reo, determinando el máximo de cumplimiento de las mismas**. Contra tal auto podrán el Ministerio Fiscal y el condenado interponer recurso de casación por infracción de Ley».

El Tribunal Supremo ha dispuesto en numerosas ocasiones que este incidente debe tener **naturaleza contradictoria y garantizar el principio de igualdad de armas y proscripción de la indefensión**, pudiendo destacar, en este sentido, la **STS n.º 819/2017, de 13 de diciembre, ECLI:ES:TS:2017:4485**, en la que podemos leer que:

> «(...) es insuficiente la mera petición personal del condenado para iniciar el procedimiento sin que con posterioridad, asistido técnicamente por letrado, se le dé audiencia a la vista de la documentación unida (hoja histórico penal y testimonio de las sentencias condenatorias) y del dictamen del Ministerio Fiscal. Se vulnerará, pues, el derecho de defensa cuando se omita el traslado del procedimiento al condenado a través de su asistencia letrada, que deberá propiciarse de oficio a falta de designación particular (en este mismo sentido, El abogado, bien al iniciar el procedimiento si tiene los datos necesarios para ello, o bien después, cuando en el trámite a seguir conforme al artículo 988 LECrim se encuentren incorporadas al procedimiento todas las sentencias condenatorias a acumular en su caso, tendrá que hacer un estudio sobre aquellas que hayan de quedar sometidas a los límites materiales del artículo 76' (STS 777/2015 de 2 de diciembre, 176/2017 de 1 de junio, o 403/2017 de 21 de marzo)».

También señala la mentada sentencia que, además de la asistencia letrada, deben cumplirse **otros requisitos** para no generar la indefensión del reo:

> «La doctrina de esta Sala ha establecido repetidamente (Cfr STS de 9 de octubre de 1998, STS 3-5-2004, nº 571/2004), que a los efectos de no causar indefensión a la parte que lo inste, es absolutamente imprescindible, en los expedientes de acumulación de penas a que se refiere el art. 988 de la LECr . que, junto a la Hoja Histórico-Penal del Registro Central de Penados y Rebeldes que corresponda al solicitante, se unan a las actuaciones los testimonios de todas las sentencias cuyas condenas pretendan acumularse, a fin de fijar el límite de cumplimiento de las mismas, conforme a la regla segunda del art. 70 del C.P. anterior, y art. 76.1 del C.P . vigente;exigiéndose también, de otra parte que, en el Auto que se dicte, se relacionen la totalidad de las penas impuestas al reo en los distintos procesos que se le hubieran seguido por hechos que pudieran haber sido objeto de uno sólo por mor de la conexidad delictiva del art. 17 de la L.E.Cr ., pues ello, junto a los de las fechas de comisión de los diferentes hechos delictivos sancionados y sus respectivas tipificaciones, y los de las sentencias recaídas y sus correspondientes firmezas, son datos elementales para poder determinar con justicia el límite máximo de cumplimiento que proceda (SS.T.S. de 8 de noviembre de 1996 y 21 de febrero de 1997; y,especialmente STS 8-6-2007, nº536/2007, 19-7-2007, nº695/2007)».

También la **sentencia del Tribunal Supremo n.º 373/2019, de 23 de julio, ECLI:ES:TS:2019:2608**, reitera la obligación de estar asistido por abogado en los siguientes términos:

> «(...) Se producirá, por ello, una quiebra del derecho a la tutela judicial efectiva, causante de indefensión, cuando el incidente se desarrolle sin estar asistido el interno de dirección letrada que, con los conocimientos jurídicos inherentes a tal condición, pueda argumentar eficazmente en favor de su pretensión, encontrándose en una situación equiparada a la otra parte procesal necesaria en este incidente, que es el Ministerio Fiscal (...)».

# ANEXO II.
## FORMULARIOS

## Escrito de acusación por delito de falsedad en documento mercantil en concurso medial con estafa

Procedimiento [DESCRIPCIÓN]

Autos [NUMERO]

### AL JUZGADO DE INSTRUCCIÓN NÚMERO [NUMERO] DE [LOCALIDAD]

Don/Doña [NOMBRE_PROCURADOR_CLIENTE], procurador/a de los tribunales, en nombre y representación de don/doña [NOMBRE_CLIENTE], como tengo debidamente acreditado en autos, con la asistencia del/de la letrado/a don/doña [NOMBRE_ABOGADO_CLIENTE], con núm. de colegiado/a [NUMERO] como más procedente sea en derecho ante el juzgado comparezco y,

### DIGO

Evacuando en el plazo concedido el traslado que nos ha sido efectuado a los fines de lo dispuesto en el **artículo 780.1 de la Ley de Enjuiciamiento Criminal**, solicitamos la **APERTURA DE JUICIO ORAL** y formulamos **ESCRITO DE ACUSACIÓN** contra don/doña [NOMBRE_PARTE_CONTRARIA] con DNI [DNI] y domicilio en [DOMICILIO] con base en las siguientes

### CONCLUSIONES PROVISIONALES

#### PRIMERA.- HECHOS

El acusado don/doña [NOMBRE_PARTE_CONTRARIA], con/sin antecedentes penales, es administrador de la sociedad mercantil [RAZÓN_SOCIAL].

El pasado mes de [MES] del presente año, engañó al administrador de la sociedad [RAZÓN_SOCIAL] y proveedora de la anterior pues, encontrándose en situación de insolvencia inminente, realizó un abundante pedido de materiales que sabía no podría pagar.

Requerido para el pago en fecha [FECHA] emitió un cheque supuestamente «conformado» por el banco, pero al cobrarlo en fecha [FECHA] la entidad bancaria deniega la operación por no existir fondos en la cuenta.

Con relación al delito de estafa la **STS n.º 341/2020, de 22 de junio, ECLI:ES:TS:2020:2835**, ha señalado:

> «Existe abundantísima jurisprudencia que cifra el delito de estafa en la concurrencia de un engaño que ha de ser bastante como factor antecedente y causal de las consecuencias de carácter económico producidas (por todas SSTS 580/2000, de 19 de mayo, 1012/2000, de 5 de junio, 9-3-2005, nº 279/2005 y nº 26/2007, de 26 de enero) por el error desencadenado, y con el correspondiente ánimo de lucro.
>
> La jurisprudencia ha declarado reiteradamente que el engaño, alma y espina dorsal del delito de estafa, ha de ser "bastante", es decir, suficiente y proporcional para la consecución de los fines propuestos, cualquiera que sea

su modalidad en la multiforme y cambiante operatividad en que se manifieste, habiendo de tener adecuada entidad para que en la convivencia social actúe como estímulo eficaz del traspaso patrimonial, debiendo valorarse aquella idoneidad tanto atendiendo a módulos objetivos como en función de las condiciones personales del sujeto afectado y de las circunstancias todas del caso concreto; la maniobra defraudatoria ha de revestir apariencia de seriedad y realidad suficientes; la idoneidad abstracta se complementa con la suficiencia en el específico supuesto contemplado, el doble módulo objetivo y subjetivo desempeñarán su función determinante (STS 278/2004, de 1 de marzo)».

Y en cuanto a la falsedad documental la **STS n.° 182/2021, de 3 de marzo, ECLI:ES:TS:2021:813**, concreta:

«La jurisprudencia de esta Sala tiene establecido, Sentencia del Tribunal Supremo 843/2015, de 22 de diciembre, de forma consolidada que la falsedad documental requiere la concurrencia de dos elementos: una imitación de la verdad y además, que la falsificación se efectúe de tal modo que sea capaz de engañar, porque una alteración de la verdad que lo sea de modo manifiesto y evidente, de forma tal que cualquiera que se acerca al objeto falsificado pueda percatarse de ello sin esfuerzo alguno, carece de aptitud para incidir en el tráfico jurídico al que ese objeto se refiere, de manera que cuando se trata de falsedad documental si la alteración la puede conocer la persona a la que va dirigida por tratarse de algo burdo y ostensible, no existirá el delito (STS 2-11-2011). Es decir, que no sean necesarios ningún otro tipo de examen, reconocimiento o verificación porque la falsedad aparece por sí misma de manera evidente (STS. 509/2012, de 27-6; y 974/2012, de 5-12)».

## SEGUNDA.- CALIFICACIÓN JURÍDICA

Que los citados hechos son constitutivos de un delito de estafa tipificado en el artículo 249 del Código Penal en concurso medial (artículo 77.3 del Código Penal) con un delito de falsedad en documento mercantil tipificado en el artículo 392 del Código Penal.

**Sobre el concepto de documento mercantil (STS n.° 30/2022, de 19 de enero, ECLI:ES:TS:2022:128)** *«En efecto es consolidada jurisprudencia que, al analizar el concepto jurídico-penal de documento mercantil, ha declarado ya desde la STS. 8.5.97, seguida por muchas otras, de las que son muestra las SSTS. 1148/2004, 171/2006 y 111/2009, que se trata de un concepto amplio, equivalente a todo documento que sea expresión de una operación comercial, plasmado en la creación, alteración o extinción de obligaciones de naturaleza mercantil, ya sirva para cancelarlas, ya para acreditar derechos u obligaciones de tal carácter, siendo tales "no solo los expresamente regulados en el Código de Comercio o en las Leyes mercantiles, sino también todos aquellos que recojan una operación de comercio o tengan validez o eficacia para hacer constar derechos u obligaciones de tal carácter o sirvan para demostrarlas, criterio éste acompañado, además por un concepto extensivo de lo que sea aquella particular actividad. Como documentos expresamente citados en estas leyes figuran las letras de cambio, pagarés, cheques, órdenes de crédito, cartas de porte, conocimientos de embarque, resguardos de depósito y otros muchos: también son documentos mercantiles todas aquellas representaciones gráficas del pensamiento creadas con fines de preconstitución probatoria, destinadas a surtir efectos en el tráfico jurídico y que se refieran a contratos u obligaciones de naturaleza comercial, finalmente, se incluye otro tipo de representaciones gráficas del pensamiento, las destinadas a acreditar la ejecución de dichos contratos tales como facturas, albaranes de entrega u otros semejantes (STS. 788/2006 de 22.6)».*

**TERCERA.- PARTICIPACIÓN**

El acusado es autor de un delito de estafa del artículo 249 del Código Penal y de un delito de falsedad en documento mercantil del artículo 392 del Código Penal.

**CUARTA.- CIRCUNSTANCIAS MODIFICATIVAS DE LA RESPONSABILIDAD CRIMINAL**

No concurren circunstancias modificativas de la responsabilidad criminal **(1)**.

**QUINTA.- PENA**

Procede imponer al acusado una pena de prisión de [NUMERO] meses/años de conformidad con el artículo 249 del Código Penal y el artículo 77.3 del Código Penal **(2)**.

**SEXTA.- RESPONSABILIDAD CIVIL**

Cabe imponer al acusado, en concepto de responsabilidad civil (116.1 del Código Penal), la cantidad de [NUMERO] euros.

Se proponen los siguientes **MEDIOS DE PRUEBA (3)**:

1) Interrogatorio de la parte acusada, don/doña [NOMBRE_PARTE_CONTRARIA] **(4)**.

2) TESTIFICAL, a cuyo efecto deben ser citados por el juzgado:

- Don/Doña [NOMBRE] con domicilio en [DIRECCIÓN].
- Don/Doña [NOMBRE] con domicilio en [DIRECCIÓN].

3) DOCUMENTAL, con la lectura de los siguientes folios: [NUMERO].

Por todo ello,

**SUPLICO AL JUZGADO**

Que tenga por presentado este escrito en tiempo y forma, se sirva a admitirlo y, en virtud de lo expuesto, tenga por solicitada la apertura de juicio oral y por formulado escrito de acusación contra don/doña [NOMBRE_PARTE_CONTRARIA], con imposición de costas al acusado.

En [LUGAR] a [DIA] de [MES] de [AÑO]

| LETRADO/A | PROCURADOR/A |
|---|---|
| [NOMBRE_ABOGADO_CLIENTE] | [NOMBRE_PROCURADOR_CLIENTE] |

(1) Indicar si concurren en su caso algunas de las circunstancias previstas en el ***art. 22 CP***.

(2) Se trata de un concurso medial de delitos por lo que resulta de aplicación el ***art. 77.3 CP***: se impondrá una pena superior a la que habría correspondido, en el caso concreto, por la infracción más grave, y que no podrá exceder de la suma de las penas concretas que hubieran sido impuestas separadamente por cada uno de los delitos. ***Art. 249 CP***: pena de prisión de seis meses a tres años. Para la fijación de la pena se tendrá en cuenta el importe de lo defraudado, el quebranto económico causado al perjudicado, las relaciones entre éste y el defraudador, los medios empleados por éste y cuantas otras circunstancias sirvan para valorar la gravedad de la infracción.

(3) Tras la introducción en la LECrim del nuevo art. 258 bis a través del Real Decreto-ley 6/2023, de 19 de diciembre, las actuaciones procesales se realizarán preferentemente, salvo que el juez o jueza o tribunal, en atención a las circunstancias, disponga otra cosa, mediante presencia telemática, incluyendo las que se celebren ante los/las letrados/as de la Administra-

ción de Justicia o ante el Ministerio fiscal. En las citaciones se informará de la posibilidad de declarar de forma telemática en las condiciones establecidas en el citado precepto.

(4) De acuerdo con el nuevo ***art. 258 bis LECrim***:

«2. (...) será necesaria la presencia física del acusado en la sede del órgano judicial de enjuiciamiento en los juicios por delito grave y juicios de Tribunal de Jurado, sin perjuicio de lo previsto en los tratados internacionales en los que España sea parte, las normas de la Unión Europea y demás normativa aplicable a la cooperación con autoridades extranjeras para el desempeño de la función jurisdiccional.

En los juicios por delito menos grave, cuando la pena exceda de dos años de prisión o, si fuera de distinta naturaleza, cuando su duración no exceda de seis años, el acusado comparecerá físicamente ante la sede del órgano de enjuiciamiento si así lo solicita este o su letrado, o si el órgano judicial lo estima necesario. La decisión deberá adoptarse en auto motivado.

En el resto de juicios, cuando el acusado comparezca, lo hará físicamente ante la sede del órgano de enjuiciamiento si así lo solicita él o su letrado, o si el órgano judicial lo estima necesario. La decisión deberá adoptarse en auto motivado.

En todo caso, en los procesos y juicios, cuando el acusado resida en la misma demarcación del órgano judicial que conozca o deba conocer de la causa, su comparecencia en juicio deberá realizarse de manera física en la sede del órgano judicial o enjuiciamiento, salvo que concurran causas justificadas o de fuerza mayor.

Cuando se disponga la presencia física del investigado o acusado, será también necesaria la presencia física de su defensa letrada. Cuando se permita su declaración telemática, el abogado del investigado o acusado comparecerá junto con este o en la sede del órgano judicial.

Cuando el acusado decida no comparecer en la sede del órgano judicial, deberá notificarlo con, al menos, cinco días de antelación».

# Escrito de acusación con petición de responsabilidad civil (delito contra los derechos de los trabajadores y lesiones)

**Diligencias previas:** [NÚMERO]/[AÑO]

**Procedimiento abreviado:** [NÚMERO]/[AÑO]

## AL JUZGADO DE INSTRUCCIÓN NÚMERO [NÚMERO] DE [LOCALIDAD]

**Don/Doña** [NOMBRE_PROCURADOR_CLIENTE], procurador/a de los tribunales, en nombre y representación de **don/doña** [NOMBRE_CLIENTE], con domicilio en esta ciudad [DOMICILIO_CLIENTE], y provisto de DNI número [NÚMERO_DNI_CLIENTE] en virtud de poder (notarial/*apud acta*) a mi favor conferido, el cual acompañamos como doc. núm. [NÚMERO], con la asistencia del/de la letrado/a **don/doña** [NOMBRE_ABOGADO_CLIENTE], con n.º de colegiado/a [NÚMERO] por el ICA de [LUGAR], ante este juzgado comparezco y, como mejor proceda en derecho,

## DIGO

Que, evacuando el trámite conferido por el juzgado al que me dirijo, dentro de los [NÚMERO] días otorgados a tal efecto, en aplicación de los **artículos 780.1** y **781.1 de la Ley de Enjuiciamiento Criminal** (LECrim) y siguientes, intereso la **APERTURA DEL JUICIO ORAL** y, a tal efecto, formulamos **ESCRITO DE ACUSACIÓN** contra don/doña [NOMBRE_PARTE_CONTRARIA], mayor de edad, vecino de [LOCALIDAD], con DNI núm. [NÚMERO], cuyas circunstancias personales constan en actuaciones, y contra la aseguradora [NOMBRE_COMPAÑÍA_SEGUROS], en calidad de responsable civil directa, de conformidad con lo dispuesto en el **art. 117 del Código Penal**, formulando, a tal efecto, las siguientes:

## CONCLUSIONES PROVISIONALES

### PRIMERO.- HECHOS PUNIBLES

De la instrucción del presente procedimiento han quedado acreditados los siguientes hechos:

1. En fecha [FECHA] mi mandante se encontraba trabajando en el centro laboral sito en [ESPECIFICAR], cuando, procediendo a [ESPECIFICAR_ACCIÓN] se produjo las siguientes lesiones [ESPECIFICAR].

2. Debido a lo anterior, fue trasladado al centro hospitalario [ESPECIFICAR] en donde le practicaron [ESPECIFICAR_ATENCIÓN_DE_URGENCIAS].

Tras ello, concediéndosele la baja laboral en atención a las lesiones sufridas, fue dado de alta con fecha [FECHA], tal y como se observa de los partes médicos obrantes, permaneciendo [ESPECIFICAR_TIEMPO_DE_LESIONES_TEMPORALES].

3. Bien es cierto que la causa del accidente fue [ESPECIFICAR] más no se puede obviar la falta de adopción por parte del acusado de las medidas necesarias para garantizar la seguridad y la salud, ya no sólo de mi mandante, sino también del resto de trabajadores de la empresa.

4. En virtud de póliza número [NÚMERO], aportada de adverso en las actuaciones, la responsabilidad civil directa, en virtud de lo dispuesto en el **art. 117 del Código Penal**.

SEGUNDO.- CALIFICACIÓN LEGAL

Los hechos descritos constituyen un delito contra los derechos de los trabajadores, tipificado en el **art. 316 del Código Penal**, en concurso ideal con un delito de lesiones imprudentes del **art. 152.1.3.º del del Código Penal**.

TERCERO.- PARTICIPACIÓN

Del anterior hecho es autor el acusado, de conformidad con lo dispuesto en el art. 316 del Código Penal, en relación a lo dispuesto en el **art. 17 de la Ley 31/1995, de 8 de noviembre, de Prevención de Riesgos Laborales** (LPRL).

Asimismo, y de conformidad con lo dispuesto en el **art. 117 del Código Penal**, es responsable civil directa la entidad aseguradora.

CUARTO.- CIRCUNSTANCIAS MODIFICATIVAS DE LA RESPONSABILIDAD CRIMINAL

[No se aprecian/se aprecian] hechos constitutivos de circunstancias atenuantes o agravantes o eximentes de responsabilidad criminal.

QUINTO.- PENA

Procede imponer al acusado, en aplicación del **art. 77 del Código Penal**, en atención a lo dispuesto en los **arts. 152** y **316 del referido texto legal**, la pena de [ESPECIFICAR].

SEXTO.- RESPONSABILIDAD CIVIL

En concepto de responsabilidad civil, se atesora una cuantía total de [CANTIDAD_EN_LETRA] euros ([CANTIDAD_EN_NÚMERO] €), en atención a la aplicación de las cuantías que para los accidentes de circulación se han actualizado a fecha [AÑO_DEL_SUCESO].

A tal efecto, se distribuye en:

- Por intervención quirúrgica: [CANTIDAD_EN_LETRA] euros.
- Por perjuicio personal particular: [CANTIDAD_EN_LETRA] euros.
- Por perjuicio patrimonial: [CANTIDAD_EN_LETRA] euros.

TOTAL: [CANTIDAD_EN_LETRA] euros

Cuantías de las que responde solidariamente la entidad aseguradora, en atención a lo dispuesto en el **art. 117 del Código Penal**.

SÉPTIMO.- PRUEBA

Interesa para la acreditación de todo lo relacionado, que se practiquen, previa declaración de pertinencia, en el acto del juicio oral, los siguientes

MEDIOS DE PRUEBA **(1)**

1.º Interrogatorio [telemático/presencial] de la parte acusada **(2)**.

2.° Testifical [telemática/presencial]. Deberán citarse por el juzgado los siguientes testigos:

- Don/Doña [NOMBRE] con domicilio en [DOMICILIO].
- Don/Doña [NOMBRE] con domicilio en [DOMICILIO].
- Don/Doña [NOMBRE] con domicilio en [DOMICILIO].

3.° Documental: por lectura de los siguientes folios de las diligencias [DESCRIPCIÓN].

Por lo expuesto,

**SUPLICO AL JUZGADO:**

Tenga por presentado este escrito con los documentos que acompaño y copia de todo ello, lo admita y acuerde tener por evacuado el trámite de conclusiones provisionales y proposición de prueba para el acto del juicio interesando desde este momento su admisión.

Es justicia que pido en [LOCALIDAD], a [DÍA] de [MES] de [AÑO].

| Ldo. /Lda. | Proc. |
|---|---|
| [NOMBRE Y FIRMA LETRADO] | [NOMBRE Y FIRMA PROCURADOR] |

**PRIMER OTROSÍ DIGO:** interesamos la formación de pieza de responsabilidad civil del acusado con el fin de que se aseguren las responsabilidades civiles que se le reclaman y que se les requiera para que presten fianza en la cantidad de [CANTIDAD] euros, procediéndose en caso contrario al embargo de bienes en cantidad suficiente para asegurarlas.

Por lo expuesto,

**AL JUZGADO SUPLICO:**

Tenga por hecha la anterior manifestación y acuerde de conformidad a la misma.

Es justicia que pido en el lugar y fecha *ut supra.*

| Ldo. /Lda. | Proc. |
|---|---|
| [NOMBRE Y FIRMA LETRADO] | [NOMBRE Y FIRMA PROCURADOR] |

**SEGUNDO OTROSÍ DIGO:** interesa a esta parte, para otros usos, la devolución del poder notarial aportado a las actuaciones, una vez sea testimoniado en las actuaciones.

En su virtud,

**SUPLICO AL JUZGADO:**

Que teniendo por efectuada la anterior manifestación, se proceda a la devolución del poder notarial conforme a lo interesado.

Por ser justicia, lugar y fecha *ut supra.*

| Ldo. /Lda. | Proc. |
|---|---|
| [NOMBRE Y FIRMA LETRADO] | [NOMBRE Y FIRMA PROCURADOR] |

(1) Tras la introducción en la LECrim del nuevo ***art. 258 bis*** a través del Real Decreto-ley 6/2023, de 19 de diciembre, las actuaciones procesales se realizarán preferentemente, salvo que el juez o jueza o tribunal, en atención a las circunstancias, disponga otra cosa, mediante presencia telemática, incluyendo las que se celebren ante los/las letrados/as de la Administra-

ción de Justicia o ante el Ministerio fiscal. En las citaciones se informará de la posibilidad de declarar de forma telemática en las condiciones establecidas en el citado precepto.

(2) De acuerdo con el nuevo ***art. 258 bis LECrim*** «2. (...) será necesaria la presencia física del acusado en la sede del órgano judicial de enjuiciamiento en los juicios por delito grave y juicios de Tribunal de Jurado, (...).

En los juicios por delito menos grave, cuando la pena exceda de dos años de prisión o, si fuera de distinta naturaleza, cuando su duración no exceda de seis años, el acusado comparecerá físicamente ante la sede del órgano de enjuiciamiento si así lo solicita este o su letrado, o si el órgano judicial lo estima necesario. La decisión deberá adoptarse en auto motivado.

En el resto de juicios, cuando el acusado comparezca, lo hará físicamente ante la sede del órgano de enjuiciamiento si así lo solicita él o su letrado, o si el órgano judicial lo estima necesario. La decisión deberá adoptarse en auto motivado.

En todo caso, en los procesos y juicios, cuando el acusado resida en la misma demarcación del órgano judicial que conozca o deba conocer de la causa, su comparecencia en juicio deberá realizarse de manera física en la sede del órgano judicial o enjuiciamiento, salvo que concurran causas justificadas o de fuerza mayor.

Cuando se disponga la presencia física del investigado o acusado, será también necesaria la presencia física de su defensa letrada. Cuando se permita su declaración telemática, el abogado del investigado o acusado comparecerá junto con este o en la sede del órgano judicial. Cuando el acusado decida no comparecer en la sede del órgano judicial, deberá notificarlo con, al menos, cinco días de antelación».

## Escrito de solicitud de acumulación de condenas

### A LA SALA DE LA AUDIENCIA PROVINCIAL DE [PROVINCIA] SECCIÓN [NUMERO] (1)

**Don/Doña** [NOMBRE_PROCURADOR_CLIENTE], procurador/a de los tribunales, en nombre y representación de **don/doña** [NOMBRE_CLIENTE], con domicilio en esta ciudad [DOMICILIO_CLIENTE], y provisto de DNI número [NIF_CIF_DNI_CLIENTE], lo que acredito mediante [ESCRITURA DE PODER GENERAL PARA PLEITOS/PODER APUD ACTA], para su unión a los autos por copia testimoniada con devolución de aquélla, con la asistencia del/de la letrado/a **don/doña** [NOMBRE_ABOGADO_CLIENTE], con n.º de colegiado/a [NUMERO_COLEGIADO_ABOGADO_CLIENTE] como más procedente sea en derecho ante el juzgado comparezco y,

### DIGO

Que mediante este escrito, solicito la **ACUMULACIÓN DE CONDENAS** de don/doña [NOMBRE_CLIENTE] en virtud de lo dispuesto en los **artículos 76 del Código Penal y 988 de la Ley de Enjuiciamiento Criminal**, y todo ello, en base a las siguientes,

### ALEGACIONES

**PRIMERA.**- Don/Doña [NOMBRE_CLIENTE], interno/a en el Centro Penitenciario de [LOCALIDAD], cuyas demás circunstancias personales constan en el expediente penitenciario, ha sido condenado en las siguientes causas penales: [DESCRIPCIÓN]. **(2)**

**SEGUNDA.**- En virtud de lo dispuesto en el **art. 988 de la LECrim** el reo que haya sido condenado en distintos procesos por hechos que pudieron ser objeto de uno solo, puede solicitar al juez o tribunal que haya dictado la última sentencia, que proceda a fijar el límite del cumplimiento de las penas impuestas conforme a los dispuesto en el **art. 76 del CP**.

SUPLICO A LA SALA:

Que teniendo por presentado este escrito, se digne admitirlo, junto con los documentos que se acompañan, y en mérito a lo que se manifiesta, y seguido que sea el oportuno procedimiento, siendo esta sala el tribunal que ha dictado la última sentencia, se interesa por ello que proceda a dictarse auto en el que se relacionen las penas impuestas, y se fije **el límite del cumplimiento de las mismas**, de acuerdo con lo dispuesto en el **artículo 76 del Código Penal**.

Por ser de Justicia en [LUGAR], a [FECHA].

[FIRMA_ABOGADO] [FIRMA_PROCURADOR]

**OTROSÍ DIGO:** se solicite por el letrado de la Administración de Justicia la hoja histórico-penal del Registro central de penados y rebeldes y testimonio de las sentencias condenatorias para dictar auto en el que se relacionen todas las penas impuestas a mi poderdante, determinando el máximo de cumplimiento de las mismas.

**SUPLICO AL JUZGADO**: tenga por interesado la anterior petición procediéndose a la realización de la misma.

Por ser de Justicia, fecha y lugar *ut supra*.

[FIRMA_ABOGADO] [FIRMA_PROCURADOR]

(1) Según el ***artículo 988 de la Ley de Enjuiciamiento Criminal*** el competente será el juez o tribunal que hubiese dictado la última sentencia, que será el órgano al que deberá dirigirse el escrito.

(2) Descripción de todas las causas y condenas.

# Escrito de defensa de persona jurídica solicitando atenuación de la responsabilidad penal por aplicación del art. 31 quater CP

**Procedimiento:** [ESPECIFICAR]

**Autos n.º:** [NÚMERO]

## AL JUZGADO DE INSTRUCCIÓN NÚMERO [NUMERO] DE [LUGAR]

**Don/Doña** [NOMBRE_PROCURADOR_CLIENTE], procurador/a de los tribunales, en nombre y representación de [RAZÓN_SOCIAL], con domicilio en esta ciudad [DOMICILIO_CLIENTE], y provisto de CIF número [CIF_CLIENTE], lo que acredito mediante poder *apud acta*/escritura de poder general para pleitos, para su unión a los autos por copia testimoniada con devolución de aquélla, previo testimonio en autos, con la asistencia del/de la letrado/a **don/doña** [NOMBRE_ABOGADO_CLIENTE], con n.º de colegiado/a [NUMERO_COLEGIADO_ABOGADO_CLIENTE] del ICA de [LUGAR] ante el juzgado comparezco y como mejor proceda en derecho,

## DIGO

Que, conforme a lo preceptuado en el **artículo 784.1 de la Ley de Enjuiciamiento Criminal**, manifiesto mi disconformidad con los escritos de acusación y formulo **ESCRITO DE DEFENSA**, en base a las siguientes:

## ALEGACIONES

**PRIMERA**.- Disconforme con la correlativa del Ministerio Fiscal y del acusador particular.

Si bien mi representada realizó los actos que se le imputan, su responsabilidad debe ser matizada ya que con posterioridad a la comisión del delito y a través de sus representantes legales, ha procedido, antes de conocer que el procedimiento judicial se dirige contra ella, a confesar la infracción a las autoridades, como se acredita con la denuncia de los hechos en dependencias policiales de fecha [FECHA]que se aporta como **documento n.º** [NUMERO].

Por tanto, concurre en ella esta circunstancia atenuante conforme al **art. 31 *quater* del CP**.

A mayor abundamiento, ha colaborado en todo momento en la investigación aportando las siguientes pruebas:

[ESPECIFICAR]

Y además ha procedido a reparar el daño causado por el delito cometido depositando en [CUENTA_CORRIENTE], cuenta de depósitos y consignaciones del juzgado la suma de [CANTIDAD] euros objeto de la reclamación como responsabilidad civil por la acusación.

Mi mandante tiene elaborado un plan de prevención de riesgos penales *(compliance penal)* que fue presentado en el juzgado en fecha [ESPECIFICAR] y que adjuntamos a este escrito como **documento n.º** [NUMERO], con lo que ha de entenderse que ha cumplido con las medidas eficaces para prevenir y descubrir los delitos que en el futuro pudieran cometerse con los medios o bajo la cobertura de la persona jurídica.

**SEGUNDA**.- Los hechos son constitutivos de un delito de [ESPECIFICAR] del artículo [ESPECIFICAR] del CP, que da lugar a la responsabilidad penal de la persona jurídica en base al artículo [ESPECIFICAR] del CP.

**TERCERA**.- Mi representada es responsable penal del delito, pero con atenuación de la responsabilidad.

**CUARTA**.- Concurren las específicas atenuaciones de la responsabilidad penal por aplicación del **art. 31 quater del CP**.

**QUINTA**.- Disconforme con las correlativas. Procede la aplicación de las atenuantes y además como muy cualificada por haber abonado la total de la cantidad que es objeto de reparación lo que conlleva la rebaja de la pena prevista en el art. [ESPECIFICAR] del CP en dos grados por aplicación del **art. 66.1.2.° del CP** y procedería le pena de [ESPECIFICAR].

**SEXTA**.- No hay responsabilidad civil por cuanto se ha abonado íntegramente la suma reclamada.

Por todo lo expuesto,

SUPLICO AL JUZGADO:

Que tenga por presentado este escrito lo admita y tenga por formulada la disconformidad al escrito de acusación del Ministerio Fiscal y la acusación particular y adopte la calificación de la conducta como [ESPECIFICAR], aplicando las atenuantes expuestas en el cuerpo de este escrito.

Es Justicia en [LOCALIDAD], a [FECHA]

[FIRMA_ABOGADO] [FIRMA_PROCURADOR]

**OTROSÍ DIGO**: para el acto del juicio oral propongo los siguientes medios de prueba: todos los propuestos por el Ministerio Fiscal y el acusador particular y además los siguientes:

**1- TESTIFICAL**: A cuyo fin deberán ser citados a través de la oficina judicial (o mediante exhorto) las siguientes personas **(1)**:

[ESPECIFICAR]

**2.- DOCUMENTAL** consistente en aportación:

[ESPECIFICAR]

Por lo expuesto,

SUPLICO AL JUZGADO:

Que declare pertinentes las pruebas interesadas y acuerde su práctica.

Es Justicia que reitero en el lugar y fecha *ut supra*.

[FIRMA_ABOGADO] [FIRMA_PROCURADOR]

(1) Téngase en cuenta lo dispuesto en el art. 656 de la LECrim, que establece que hay que identificar bien a los testigos: «(...) En las listas de peritos y testigos se expresarán sus nombres y apellidos, el apodo, si por él fueren conocidos, y su domicilio o residencia; manifestando además la parte que los presente si los peritos y testigos han de ser citados judicialmente o si se encarga de hacerles concurrir».

# Recurso de apelación penal por inaplicación del principio de absorción en concurso de leyes

**Procedimiento:** [DESCRIPCIÓN]

**Número:** [NÚMERO]/[AÑO]

## AL JUZGADO DE LO PENAL NÚMERO [NÚMERO] DE [LOCALIDAD] PARA ANTE LA AUDIENCIA PROVINCIAL DE [PROVINCIA]

**Don/Doña** [NOMBRE_PROCURADOR_CLIENTE], procurador/a de los tribunales, en nombre y representación de **Don/Doña** [NOMBRE_CLIENTE], con domicilio en esta ciudad [DOMICILIO_CLIENTE], y provisto de DNI número [NIF_CIF_DNI_CLIENTE], lo que consta debidamente acreditado en autos, con la asistencia del/de la letrado/a **Don/Doña** [NOMBRE_ABOGADO_CLIENTE], con n.° de colegiado/a [NÚMERO_COLEGIADO_ABOGADO_CLIENTE] como más procedente sea en Derecho ante el juzgado comparezco y **DIGO:**

**PRIMERO.**- Con fecha de [FECHA] fue notificada a esta parte la sentencia dictada por este juzgado de lo penal con fecha de [FECHA], por la que se condena a mi mandante por la comisión de un delito de [DESCRIPCIÓN] a la pena de [ESPECIFICAR], y por un delito de [DESCRIPCIÓN] a la pena de [ESPECIFICAR].

**SEGUNDO.**- Por el presente escrito, y al amparo del artículo 790 de la LECrim, dentro del plazo legal conferido, interpongo en tiempo y forma **RECURSO DE APELACIÓN** ante **(1)** la Audiencia Provincial de [PROVINCIA] contra la sentencia referida en base a las siguientes,

## ALEGACIONES

### PRIMERA.- VULNERACIÓN DE NORMAS DEL ORDENAMIENTO JURÍDICO

El **artículo 8 del Código Penal** regula el concurso de leyes, estableciendo los cuatro criterios a seguir cuando un hecho pueda ser calificado con arreglo a dos o más preceptos del mismo (no comprendidos en los **artículos 73 a 77 del CP**):

> «Los hechos susceptibles de ser calificados con arreglo a dos o más preceptos de este Código, y no comprendidos en los artículos 73 a 77, se castigarán observando las siguientes reglas:
>
> 1.ª El precepto especial se aplicará con preferencia al general.
>
> 2.ª El precepto subsidiario se aplicará sólo en defecto del principal, ya se declare expresamente dicha subsidiariedad, ya sea ésta tácitamente deducible.
>
> 3.ª **El precepto penal más amplio o complejo absorberá a los que castiguen las infracciones consumidas en aquél.**
>
> 4.ª En defecto de los criterios anteriores, el precepto penal más grave excluirá los que castiguen el hecho con pena menor».

En la sentencia recurrida se ha condenado a mi mandante por dos delitos de [ESPECIFICAR], no teniendo en cuenta que el delito de [ESPECIFICAR] absorbe el delito de [ESPECIFICAR], al tratarse de un delito más amplio.

Hay que tener en cuenta que la **sentencia del Tribunal Supremo n.º 346/2024, de 25 de abril, ECLI:ES:TS:2024:2253**, con cita de la **STS n.º 316/2021, de 15 de abril, ECLI:ES:TS:2021:1642** establece que: «(...) *cuando el hecho puede ser encuadrado en varias disposiciones, siendo aparentemente todas aplicables, pero en realidad una de ellas capta por completo, o de manera suficiente, el contenido del desvalor del hecho y desplaza a las demás, se apreciará un concurso de normas o de leyes. Y para conocer cuál es la norma prevalente o preferente que desplaza a las demás se utilizarán los criterios propios de la teoría de la interpretación y solución de las antinomias legales, con el fin de identificar la que se ajusta lo más exactamente posible al hecho cometido, agotándolo y excluyendo así a las demás disposiciones. A tales efectos se utilizan los principios de especialidad, subsidiariedad, consunción y alternatividad contenidos en el artículo 8 CP* (...)».

El Tribunal Supremo también ha señalado en su **sentencia, n.º 934/2022, de 30 de noviembre, ECLI:ES:TS:2022:4471** que:

> «(...) únicamente podrá aplicarse cuando el precepto penal más complejo consuma al otro más simple, lo cual solamente podrá admitirse cuando ninguna parte injusta del hecho quede sin respuesta penal, pues en otro caso deberá acudirse al concurso de delitos. En efecto, el art. 8.3 CP recoge la fórmula "lex consumens derogat legi comsumptae", lo que significa que el injusto material de una infracción acoge en sí cuantos injustos menores se sitúen respecto de ella en una relación cuantitativa de inferioridad, como el homicidio que absorbe las lesiones producidas para causarlo(...)».

En el mismo sentido también procede citar la **sentencia del Tribunal Supremo n.º 626/2023, de 19 de julio, ECLI:ES:TS:2023:3544** que establece que:

> «(...) exige en sintonía con la idea central de todo concurso aparente de normas, que **el desvalor de uno de los tipos aparezca incluido en el desvalor tenido en cuenta en el otro**. Dicho en otras palabras, que la desaprobación de una conducta descrita por la ley y expresada en la pena que la misma ley señala para esa conducta (lex consumens) abarque el desvalor de otro comportamiento descrito y penado en otro precepto penal (lex consumpta). Esta relación de consunción, más que en ningún otro supuesto concursal, impone que el examen entre los tipos penales que convergen en la subsunción se verifique, no en abstracto, desde una perspectiva formal, sino atendiendo a las acciones concretas desarrolladas por el acusado, puesto que las soluciones de consunción no admiten un tratamiento generalizado. Mediante este principio encuentran solución, tanto los casos en que al tiempo que se realiza un tipo penal se realiza simultáneamente otro delito -hecho acompañante- y aquellos otros en los que se comete un segundo delito con el fin de asegurar o aprovecharse de los efectos de un delito -hecho posterior impune o acto copenado (SSTS 576/2015, de 5 de octubre; 177/2017, de 22 de marzo; 194/2017, de 27 de marzo; 152/2018, de 2 de abril; 722/2018, de 23 de enero de 2019)».

Dicho sea, con todos los respectos al juzgador, y en términos de defensa, la sentencia recurrida ha obviado este principio y, a pesar de darse todos los requisitos para entender que el delito de [ESPECIFICAR], habría absorbido el delito de [ESPECIFICAR], se ha procedido a condenar los mismos de manera independiente quebrantando el principio *non bis in idem*.

**SEGUNDA.- (2) ESPECIFICAR OTROS MOTIVOS DE RECURSO**

En su virtud,

**SUPLICO AL JUZGADO:**

Tenga por presentado este escrito y las copias que se acompañan, lo admita, teniendo por interpuesto **RECURSO DE APELACIÓN** en tiempo y forma contra la sentencia dictada con fecha de [DESCRIPCIÓN] en autos de juicio [ESPECIFICAR] n.º [JUICIO_NÚMERO] por el juzgado al que me dirijo, se admita en ambos efectos, dándose traslado a las demás partes para que formulen escritos de impugnación o adhesión, elevándose a la Audiencia Provincial de [PROVINCIA],

**SUPLICANDO A LA SALA:**

Que, admitido a trámite el presente, dicte resolución revocando la sentencia referida acordándose [DESCRIPCIÓN].

Por ser justicia en [LUGAR] a [FECHA]

| Letrado/a | Procurador/a |
|---|---|
| [NOMBRE_LETRADO_CLIENTE] | [NOMBRE_PROCURADOR_CLIENTE] |

**PRIMER OTROSÍ DIGO:** esta parte fija como domicilio para notificaciones el situado en el número [NÚMERO] de la calle [CALLE] de la ciudad de [CIUDAD], conforme lo establecido en el apartado segundo del **artículo 790 de la Ley de Enjuiciamiento Criminal.**

Por ello,

**SUPLICO:**

Se tenga por efectuada la anterior manifestación a los efectos oportunos.

Por ser justicia, fecha y lugar *ut supra*

| Letrado/a | Procurador/a |
|---|---|
| [NOMBRE_LETRADO_CLIENTE] | [NOMBRE_PROCURADOR_CLIENTE] |

**SEGUNDO OTROSÍ DIGO:** se solicita la práctica de las siguientes diligencias de prueba [DESCRIPCIÓN], porque las mismas [ESPECIFICAR] **(3)**.

Por lo anterior,

**SUPLICO:**

Se tengan por hechas las anteriores manifestaciones.

Por ser justicia, fecha y lugar *ut supra*

| Letrado/a | Procurador/a |
|---|---|
| [NOMBRE_LETRADO_CLIENTE] | [NOMBRE_PROCURADOR_CLIENTE] |

(1) El escrito de formalización del recurso se presentará ante el órgano que dictó la resolución que se impugne, y se expondrán las alegaciones sobre quebrantamiento de las normas y garantías procesales, error en la apreciación de las pruebas o infracción de normas del ordenamiento jurídico en las que se base la impugnación. Asimismo, el recurrente habrá de fijar un domicilio para notificaciones en el lugar donde tenga su sede la audiencia, tal y como dispone el apartado segundo del ***artículo 790 de la LECrim***.

En caso de que el recurso de apelación se interponga frente a sentencia del Juzgado Central Penal, se hará ante la Sala Penal de la Audiencia Nacional.

(2) Especificar cualquier otro motivo por el que se quiera apelar la sentencia recurrida. Tener en cuenta que, si se alegase, por ejemplo, la vulneración del derecho a la presunción de inocencia debería realizarse dicha alegación en primer lugar, y la relativa a la inaplicación del ***art. 8 del CP*** en segundo lugar y en aplicación subsidiaria.

(3) Podrán solicitarse diligencias de prueba que no pudo proponer el recurrente en la primera instancia, o diligencias que le fueron indebidamente denegadas cuando hubiese formulado protesta en su momento, o que fueron admitidas, pero no practicadas por causas que no le sean imputables, exponiendo las razones por las que la falta de aquellas diligencias de prueba ha producido indefensión, en virtud de lo dispuesto en el apartado tercero del ***artículo 790 de la Ley de Enjuiciamiento Criminal***.

Made in the USA
Monee, IL
18 July 2026

57472729R10077